行政書士受験界の
**超人気講師**が教える

# 行政書士試験
# 非常識合格法

行政書士
竹原 健

すばる舎

# はじめに ――試験の難易度が上がっても、短期合格できるコツがある

私は長年行政書士試験の受験指導をしてきましたが、この試験は年々確実に問題の難易度が上昇していることを実感しています。

過去に1回も出題されたことのないような事項が、ある年の試験で当たり前のように出題され、それが出題実績になり、翌年以降の学習範囲が広がるというのが近年の行政書士試験です。

しかし、この出題傾向に合わせて、どんどん学習範囲を広げていってもきりがありませんし、消化不良を起こして挫折してしまうでしょう。

そこで、本書では、やや「非常識」ではありますが、比較的短期間でも「合格」できる勉強のコツについて取り扱うことにしました。

難しいと言うものの、毎年数千人の人たちが合格しているわけですから、そこには何かコツがあるわけです。

私は、行政書士試験の合格者から、合格したコツをたくさん聞いていますし、

それを今までの講義にも生かしています。

このコツを基礎にして学習をしていけば、法律の勉強ははじめてという方でも、効率よく点数を伸ばすことができるようになります。

なお、本書の後半では、行政書士試験に実際に出題された問題を扱って、科目ごとの勉強のコツを紹介しています。

難解な法律用語が登場するので難しく感じられるかもしれませんが、これが試験合格のための最終的な到達点であることを知っていただくためのものです。

ぜひ、本書で行政書士試験合格のためのコツをつかみ、効率的な学習をはじめてください。

令和６年12月

特定行政書士　竹原　健

行政書士試験　非常識合格法　《目次》

はじめに◆試験の難易度が上がっても、短期合格できるコツがある……2

# 第1章 行政書士とは？

❶行政書士は、何をする職業なのか？……14
・主な業務は、この3種の書類作成
・意外なところでも活躍している
・「特定行政書士」という新しい役割も登場
❷行政書士の資格取得で開ける展望……20
・行政書士資格の使い方とは？
・他の資格とのジョイントという手もある
❸行政書士として働くには登録が必要……25
・研修や人脈作りなど、仕事に役立つ特典もある

第2章

# 行政書士試験の概要と出題科目


**❶行政書士試験の全体像を押さえる** …… 28
・年に1回、誰でもチャレンジできる

**❷試験には60％の得点で合格できる** …… 32
・難易度に関係なく、合格基準点を満たすことが必要
・とにかく一通りテキストを読み終えてしまおう

**❸試験の出題形式はどうなっている？** …… 36
・内訳は「法令等」と「基礎知識」
・過去問の分析は、平成18年度からでOK

**❹「法令等」の出題傾向を見てみよう** …… 42
・法令等の範囲は5科目
・各科目の内容とは？

**❺「基礎知識」の出題傾向を見てみよう** …… 50
・「基礎知識」の範囲は4分野

**【コラム】誰が試験問題を作成しているのか** …… 55

第3章

# 短期合格のコツ


❶1年目に合格することを考える……58
・受験を決めたときがモチベーションのピーク
・時間をかけるほど、覚えたことを忘れてしまう
❷学習計画は「時間」でなく「量」で考える……61
・「1日何問」「1日何ページ」で日々のノルマを決定
・細切れ時間の徹底活用がカギ
❸飽きたら別の科目を学習しよう……65
・適当な時間で、別の科目に切り替える
・忘れてもいい、とにかく前へ進む！
❹合格者は、無駄な勉強をしていない……68
・なんでもかんでも詰め込むのは非効率
・「コッソリ、人に知られず」はあきらめたほうがいい

# 第4章

# 学習スタイル別アドバイス

❶学習スタイルⅠ「受験指導校」 72
・自分で勉強方法を考えるロスを省ける
・講師の生講義を受講するのが主流の時代から変化が……
・①～⑤の講義の受講を前提とした、受験指導校の選択の決め手とは？
・効果が高い分費用はかかる。見極めは慎重に
・テキスト中心、または手頃な費用で学習したい場合は……
・自己管理ができる人には、便利で向いている方法
・「価格」と「教材のラインナップ」の関係とは？
❷学習スタイルⅡ「独学」 85
・通信講座並みの教材は揃える必要がある

## 第5章 順番が大事！ 非常識勉強法


❶合格のカギは、「行政法」と「民法」……92
・2科目で、ほぼ合格に必要な点がとれる
・「ほどほど科目」の学習のさじ加減
・日常生活のなかで、行政法と民法に親しもう
❷「基礎知識」は落ちない程度で十分……97
・まともに勉強していたら時間が足りない！
❸過去問題の学習は合格の最低条件……100
・学習の順番を間違えるな！
・解くだけでは意味がない。とことん活用する
❹「暗記」ではなく、「理解」を徹底する……104
・量は膨大、覚えるなんてとても無理
・「どんな理論が成り立つか」を考える
❺遠回りのようで近道。六法の参照……110
・短期合格のコツ！ 記述式対策にもなる
❻配点が高い！ 「記述式」の対策とは……115
・出題は「学問上重要なこと」のみ

・択一式と記述式で、問題内容には差がない
❼記述式対策の「問題集」の活用法……121
・記述式対策の問題集は「確認用」
・いきなり「書く」ことから始めない
❽複雑？「多肢選択式」の対策とは……129
・特別な対策は必要ない

# 第6章 出題傾向と対策を押さえる

❶「行政法」の全体像を押さえよう……134
・「行政法」というカテゴリーの法律はない
❷〔行政法〕行政の組織に関する法律……137
・地方自治法
・内閣府設置法、国家行政組織法
・国家公務員法、地方公務員法
・学説
❸〔行政法〕行政の活動に関する法律……150
・学説

・行政手続法
❹〔行政法〕行政の活動により不利益を受けた国民を救済する法律……167
・救済手段としての「行政争訟」と「国家補償」
・行政不服審査法
・行政事件訴訟法
・国家賠償法、損失補償
❺「民法」の全体像を押さえよう……181
・全部で5編に分かれている
・「債権」からの出題が圧倒的！
❻〔民法〕総則……185
・頻出事項は「代理」と「意思表示」
❼〔民法〕物権……196
・頻出事項は「不動産物権変動の対抗要件」と「抵当権」
❽〔民法〕債権……208
・頻出事項は「多数当事者の債権債務」「売買」「賃貸借」「不法行為」
❾〔民法〕親族・相続……223
・通常は、親族か相続のどちらか1問
❿テーマ別学習、類似する制度の学習……235
・複数のカテゴリーにまたがる問題もある

⓫「憲法」の全体像を押さえよう　239
・近年、ジワジワと難易度が上がっているが……
⓬〈憲法〉憲法総論　243
・理解度が問われるのが特徴
⓭〈憲法〉人権　246
・「個別の人権」に留まらない深い理解が求められる
⓮〈憲法〉統治　249
・さまざまな知識が満遍なく出題される
⓯基礎法学　252
・範囲は広いが、やるべきことは決まっている
⓰商法と会社法　258
・学習の優先順位は低くても大丈夫
⓱「基礎知識」について押さえよう　265
・出題数の目安は？
・政治・経済・社会の出題例
・情報通信の出題例
・個人情報保護の出題例
・文章理解について
・行政書士法等行政書士業務と関連する諸法令について

# 付録

## 試験前日・当日の心得

・試験前日にやること
・試験当日にやること



◆装丁――遠藤陽一（デザインワークショップ・ジン）

第1章

# 行政書士とは？

# 1 行政書士は、何をする職業なのか？

合格の鉄則
**「面白そう」と思うなら、試験に挑戦する価値は十分あります！**

## ◎主な業務は、この3種の書類作成

「行政書士」とは、どのような仕事をする資格者だと思いますか？

「行政」に関して「書」く「士」ですから、役所に提出する書類の作成業務をイメージする人も多いでしょう。もちろんそれも正解ですが、それだけではありません。日常生活やビジネスに関連するさまざまな業務を行うことができる資格なのです。

行政書士制度の根拠となっている行政書士法には、行政書士の業務として、次のような規定があります。

### ①官公署に提出する書類の作成業務

例えば、建設業や不動産業などをはじめる場合には、それぞれ一定の条件を満たした上で、法律に基づいた役所の許可や認可（「許認可等」と言います）を受けなければ、その業務を開始することができません。

これらの許認可等を受ける際の書類の作成を、業務として行うことができます。

## ②権利義務に関する書類の作成業務

権利義務に関する書類と言われてもピンとこないかもしれませんが、例えば、土地や建物を売買する際の「契約書」や、郵便局で事実関係を証明してもらう「内容証明」などの作成を、業務として行うことができます。

この他にも、人が亡くなった場合の「相続」手続に関して、相続人間の話し合いで財産を分割する際に必要となる「遺産分割協議書」の作成などが、この業務に入ります。

## ③事実証明に関する書類の作成業務

②の権利関係に関する書類と同様に、事実関係に関する書類と言われてもピンとこないかもしれません。
例えば、会社の「会計帳簿」や「議事録」の作成、実地調査に基づいた「図面」の作成を、業務として行うことができます。

## ●書類の作成業務の制限

以上の①～③を見ると、行政書士は、法律に基づくあらゆる書類作成業務を行っているような印象を受けるかもしれません。

しかし、実際は違います。「他の法律でその業務を行うことが制限されている場合」には、行政書士はその業務を行うことができません。「他の法律で制限されている」とは、他の「士」について規定する法律において、独占業務とされているという意味です。

例えば、「租税の相談」や「税務書類の作成」などについては、税理士法という法律で、「税理士」の資格がなければ業務として行えない旨の規定があります。

税理士の他にも「弁護士」「司法書士」「土地家屋調査士」「弁理士」「社会保険労務士」などの資格者がいますが、それぞれの制度を規定した法律において、他の資格者が業務を行うことができない独占業務についての規定があります。

とはいえ、法律において独占業務とされているものはごく一部に過ぎないので、行政書士は多くの種類の書類作成を業務として行うことができます。

### ◎意外なところでも活躍している

①～③で挙げた例以外にも、行政書士は次のような書類作成業務を行っています。

## 行政書士の仕事の領域とは？

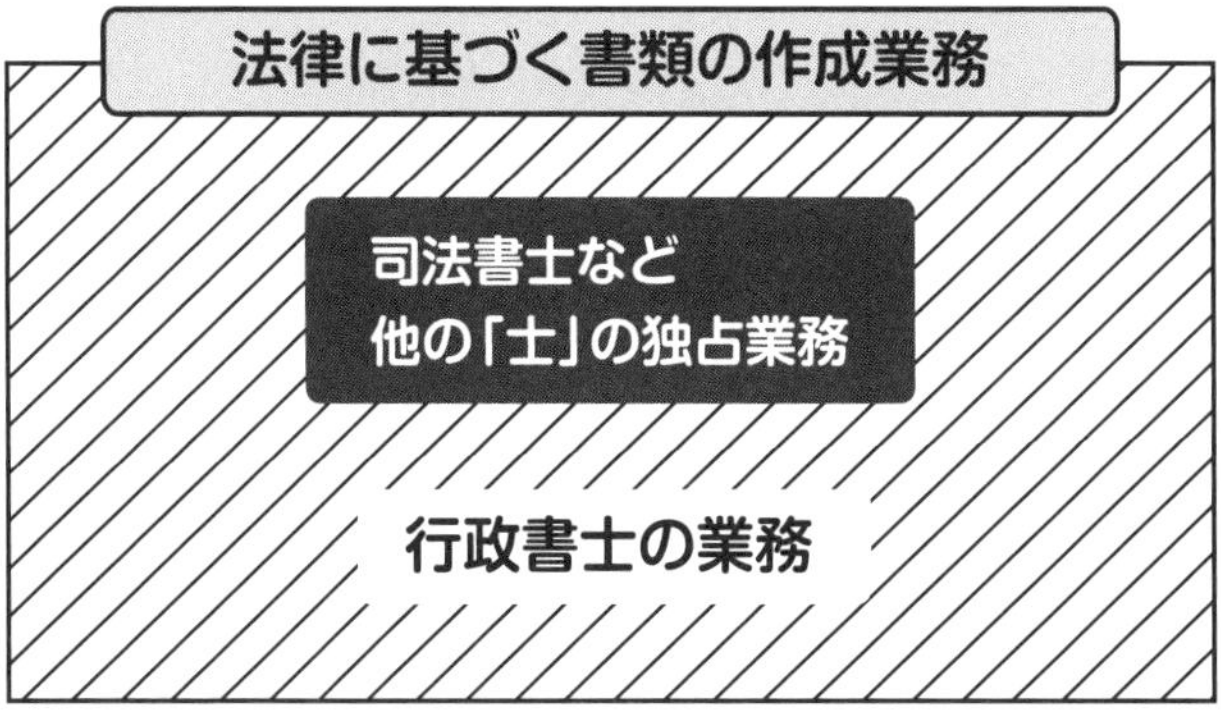


**ⓐ自動車に関連する業務**

自動車の登録申請や、貨物自動車・一般旅客自動車運送事業の許可申請関係等の、自動車に関連する手続書類の作成など

**ⓑリサイクル関係の業務**

産業廃棄物収集・処理業やリサイクル等の環境に関する手続書類の作成など

**ⓒ外国人の出入国や日本国籍の取得に関する業務**

外国人が日本に在留するための申請や、日本の国籍を取得するための申請書類作成など

**ⓓ土地活用に関する業務**

農地の転用許可申請などの、土地を利用する際の

手続書類の作成など

### ⓔ著作権などの知的財産に関連する業務

書籍・音楽・写真・コンピュータ・プログラムなどの著作物の登録や、契約書類の作成など

### ⓕ中小企業の支援に関する業務

起業などに際しての融資の申込みや、事業承継支援に関連する書類の作成など

行政書士は、これらの書類を作成するだけでなく、作成に関して相談に乗ったり、その書類を依頼者に代わって官公署などに提出することも業務として行うことができます。

【行政書士の業務の流れ】
顧客の話を聞く　↓　適切な書類を作成する　↓　顧客の代理として書類を提出する

## ◎「特定行政書士」という新しい役割も登場

これらの従来からある書類作成業務に加え、平成27年より新しく加わった業務もあります。それは、「行政不服申立てに係る手続の代理業務」です。

例えば、ある会社が営業の許可申請をしたところ、この申請が拒否されて認められなかったとしましょう。そういう場合に、行政書士が申請者の代理人として、行政不服審査法という法律に基づいて、拒否をした役所に異議を唱えることができるというものです。

ただし、この「役所に異議を唱える手続」を行うことができるのは、「特定行政書士」だけです。

「特定行政書士」とは、行政書士のなかでも、全国の行政書士で組織された「日本行政書士会連合会」が実施する研修の課程を修了した行政書士のことで、全ての行政書士がこの業務を行えるわけではありません。

# 2 行政書士の資格取得で開ける展望

合格の鉄則

どんなメリット、どんな進路が待っているのか。具体的な可能性を知る

## ◎行政書士資格の使い方とは？

行政書士の資格を取得した人は、前項で紹介したような業務に従事することができます。

しかし、実際の資格取得者の働き方はさまざまで、ダイレクトに資格を生かして仕事をする人もいれば、資格に裏打ちされた「法律知識」を武器に活躍する人もいます。

ここでは、行政書士の資格取得者が、どのようにその資格と知識を自分の仕事に役立てているか、代表的な例を3つ紹介しましょう。

### (1) 就職・転職が有利になる

行政書士は、独立開業というイメージが強いと思いますが、それだけではありません。

行政書士試験に合格することは、一定の法律知識を有していることの公的なお墨付きをも

らっていることになります。

したがって、就職・転職活動において履歴書などに記載したり、面接などでアピールしたりすることで、他人に比べて相当なアドバンテージを獲得することができます。

### (2) 企業内でのスキルアップの目安にできる

筆者は、企業において研修講師を務めることもありますが、一見して法律の知識を必要とするような金融業、建設業、不動産業、コンサルタント業などの他に、IT通信業、メーカー、商社などでも、人材育成の一環として行政書士の資格取得を推奨することが多くなっています。

現に、企業内において多くの人たちが、行政書士試験の勉強をすることにより法律に関する知識を身につけ、社内でのスキルアップに役立てています。

### (3) 有資格者として独立開業が可能となる

行政書士試験に合格し、「1人で独立開業する」という進路もあります。

しかし、最初は「実務経験がないことによる不安」、「資金面の不安」などがあるものです。

そこで、1人で独立開業する方法だけではなく、次のような方法も取り入れられています。

## 行政書士法人のしくみ

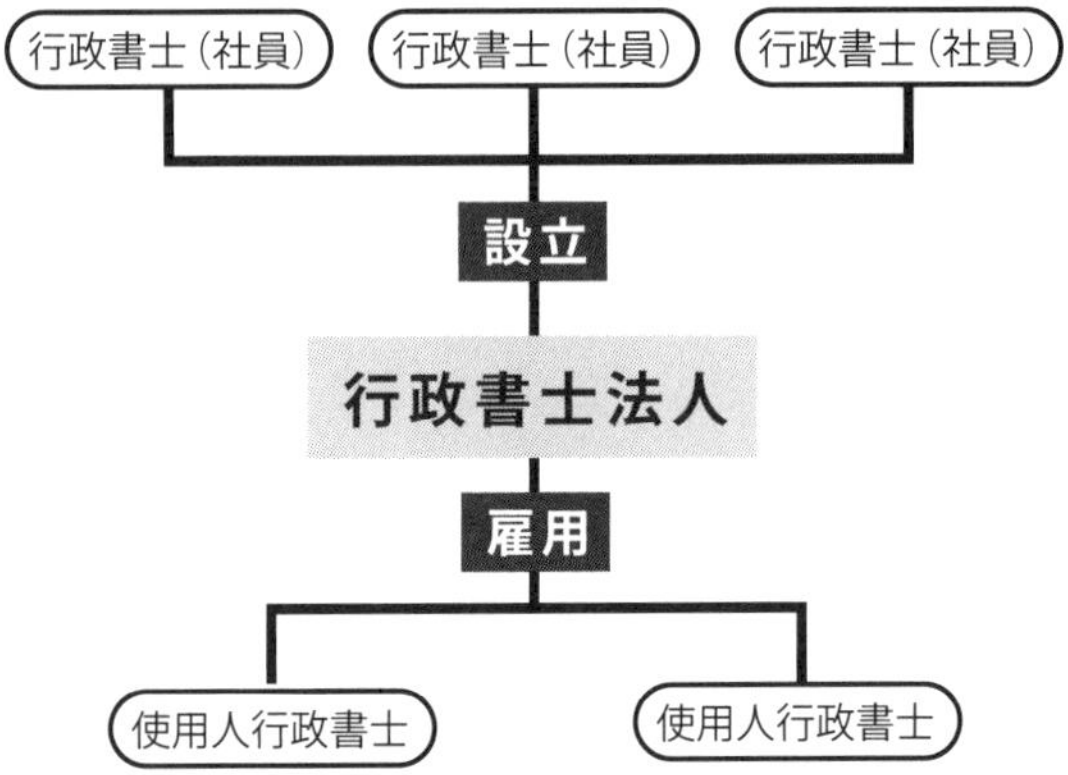


### ①複数人の行政書士と一緒に行政書士法人を設立する

2人以上の行政書士がパートナー（社員）となって行政書士法人を組織し、行政書士としての業務を行います。

### ②行政書士法人で使用人行政書士として働く

まだ独立する自信がなく、実際に働きながら実務を身につけたい場合は、行政書士法人に使用人として雇用されて業務を行うことも可能です。

この場合、必ずしも1つの行政書士法人に属する必要はなく、複数の行政書士法人に属することも可能なので、自分に合ったやり方で臨機応変に経験を積んでいくことが大事です。

このように、いきなり1人で全てのリスクを

## ワンストップサービスのしくみ

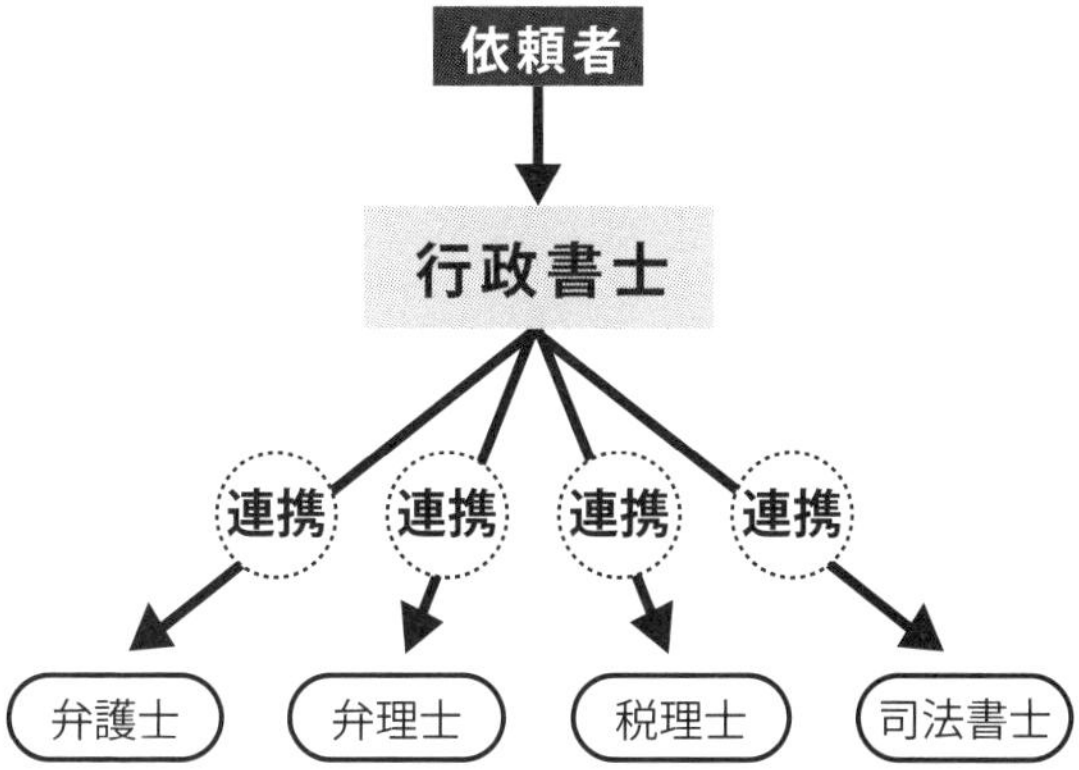


負って独立開業をしなければ、行政書士の業務ができないというわけではありません。将来の自分がどの方向に向かって進むべきかを、よく考えた上で、検討すればよいと思います。

### ◎他の資格とのジョイントという手もある

独立開業に関してさらに言えば、行政書士が税理士や弁理士など、他の資格者と連携を取り、1つの窓口で多様な業務依頼ができる「ワンストップサービス」の入口になることも可能です。

ワンストップサービスとは、関連する複数のサービスを、一カ所でまとめて行えるようにするサービスです。

すでに説明した通り、他の資格者は法律上取り扱うことができる業務が限られています。

行政書士は、それらの業務以外の領域を扱う資格ですから、バラバラな各資格者の業務をジョイントする役割を担うことができます。

例えば、ある資格者の事務所に相談に来た依頼者が、「その業務は私の資格では取り扱えません」と言われ、門前払いをされてしまうケースがあるとしましょう。依頼者は通常、どのような資格者がどのような業務を行うのかについて、熟知しているわけではないので、「じゃあ、どこに相談したらいいの？」となってしまいます。

しかし、さまざま資格者をジョイントしてワンストップサービスを提供していれば、こうした依頼者の要望にも応えやすくなります。つまり、依頼者を取りこぼすことなく、円滑な業務運営が可能となるのです。


また、他の資格者と連携を取るだけではなく、自分自身がまず行政書士資格を取得し、その後、他の資格にチャレンジするケースも多く見受けられます。複数の資格を持つことによって、業務の幅を広げるのです。

行政書士には定年がありませんので、常に努力を重ねて他の資格を取得し、さらなる業務拡大を目指すこともできます。

# 3 行政書士として働くには登録が必要

合格の鉄則

手続を怠ると業務ができないので要注意

## ◎研修や人脈作りなど、仕事に役立つ特典もある

行政書士試験に合格したとしても、合格発表と同時に、行政書士と名乗って業務を開始することはできません。

事務所を設けようとする都道府県の行政書士会を通じて、申請書や誓約書などの必要な書類を提出し、行政書士会に入会すると同時に、日本行政書士会連合会が備える行政書士名簿への登録を受ける必要があります。

登録申請に係る諸費用は、都道府県ごとに異なりますが、25万円~30万円前後です。

この日本行政書士会連合会と各都道府県の行政書士会は、登録手続のためだけの活動をしているわけではありません。

行政書士制度を世の中に周知する広報活動や、会員となった行政書士の研修なども行っています。

特に研修については、各都道府県の行政書士会単位ではもちろんのこと、都道府県内にある支部ごとに行われたり、さらに実務的な内容については個別の勉強会なども開催されたりしています。

登録後にこれらの研修が義務づけられているわけではありませんが、積極的に研修や勉強会に参加して、人脈を広げ、さまざまな実務上の相談に乗ってもらう相手を見つけることも可能となっています。

また、前述した「特定行政書士」になるための法定研修を行うのも、各都道府県の行政書士会（主催は日本行政書士会連合会）です。

# 第2章

# 行政書士試験の概要と出題科目

# 1 行政書士試験の全体像を押さえる

合格の鉄則

**願書の締切日、受験日など、大事な日にちは絶対忘れないように！**

## ◎年に1回、誰でもチャレンジできる

行政書士の資格を取得するには、行政書士試験に合格する必要があります。

そこで、まずは受験資格や日程、申込み方法など、この試験を受けるにあたっての手続を頭に入れておきましょう。これから本格的に学習計画を立てる上でも、重要なことです。

### ①誰でも受験できる国家試験

行政書士試験の受験資格には、年齢、学歴、国籍等による制限がなく、誰でも受験することが可能です。万人に平等に受験機会が与えられている試験と言えます。

### ②チャンスは、年1回

行政書士試験は、行政書士の業務に関して必要な知識及び能力を問うために、毎年1回だけ実施される試験です。

行政書士試験の実施に関する事務は、都道府県ごとに行われることになっていますが、全ての都道府県が、その事務を「一般財団法人　行政書士試験研究センター」に委託しています。

試験は例年、11月の第2日曜日、午後1時から4時までの3時間実施されます。

北海道から沖縄県までの47都道府県の全てで、試験場が設定されています。

なお、住所地により試験場が制限されるわけではないので、北海道に住んでいる人が沖縄県の試験場で受験をすることも可能です。

### ③受験申込みから合格までの手続

受験願書は例年、7月末から8月末あたりまで各都道府県の都道府県庁や行政書士会などで配布されますが、一般財団法人行政書士試験研究センターから郵送してもらうことも可能です。

受験申込みは、郵送又はインターネットにより行うことができます。

郵送の場合は、7月末から8月末あたりまで、受験願書に同封された封筒を用い、簡易書留郵便で郵送することになります。

インターネットによる場合は、7月末から8月末あたりまでに、一般財団法人行政書士試験研究センターが開設したインターネット出願ページから出願することになります。

受験手数料は、郵送の場合は試験案内に綴じ込まれている専用の払込用紙により、郵便局の窓口で払込みます。

インターネットによる場合は、出願画面に従ってクレジットカード又はコンビニエンスストアでの払込みとなります。

受験申込みに必要なその他のものとして、あとは「証明写真」程度です。

受験申込み後、受験票は10月下旬に送付されます。

そうして11月第2日曜日に試験が実施された後、翌年の1月下旬に試験結果の発表があり、合否通知書が送付されます。

## 受験申込みから合格までの流れ

**受験資格** …………… 年齢、学歴、国籍に関係なく誰でも可能！

↓

**受験願書の取り寄せ** …… 7月末～

↓

**受験申込み** …………… 7月末～8月末（郵送の場合）

↓

**受験票到着** …………… 10月下旬

↓

**本試験受験** …………… 11月第２日曜日（午後1時～午後4時）

↓

**合否通知** …………… 翌年１月下旬

↓

**行政書士登録！**

# 2

# 試験には60%の得点で合格できる

合格の鉄則

**行政書士試験は原則として絶対評価。受かるのは上位6%~15%**

**◎難易度に関係なく、合格基準点を満たすことが必要**

出題の形式がわかったところで、試験に合格するためには、どれくらいの得点が必要なのかを確認しておきましょう。ここで、平成28年度から令和6年度の、行政書士試験の申込者数、受験者数、合格者数、合格率を左ページの図のようにまとめてみました（令和6年度の受験者数・合格者数・合格率は編集時点では未発表）。

このうち、合格率に着目してみると、大きな変動があるのがわかります。低い年は10%、高い年は15%強です。

国家試験の合格者の決め方は「相対評価」が多く、まず「何%」または「何人」合格させるかを定め、その割合又は人数のところで合格点を定めます。

しかし、行政書士試験は、原則として「絶対評価」となっており、例年、34ページの図のよ

## 近年の合格率など

| 年　度 | 申込者数 | 受験者数 | 合格者数 | 合格率 |
| --- | --- | --- | --- | --- |
| 平成 28 年度 | 53,456 | 41,053 | 4,084 | 10% |
| 平成 29 年度 | 52,214 | 40,449 | 6,360 | 15.7% |
| 平成 30 年度 | 50,926 | 39,105 | 4,968 | 12.7% |
| 令和元年度 | 52,386 | 39,821 | 4,571 | 11.5% |
| 令和 2 年度 | 54,847 | 41,681 | 4,470 | 10.7% |
| 令和 3 年度 | 61,869 | 47,870 | 5,353 | 11.2% |
| 令和 4 年度 | 60,479 | 47,850 | 5,802 | 12.1% |
| 令和 5 年度 | 59,460 | 49,991 | 6,571 | 14% |
| 令和 6 年度 | 59,832 | — | — | — |

※行政書士試験研究センターＨＰより

うな配点及び合格基準をクリアした人が全員合格することとなっています。

３００点満点中、①法令等の得点が１２２点以上、②基礎知識の得点が24点以上、③トータルで１８０点（60％）以上の得点が必要です。

逆にこの合格基準をクリアできない場合には、問題の難易度に関わりなく不合格になる仕組みになっています。

なお、「問題の難易度を評価し、補正的措置が加わることもある」という発表も、平成18年度試験以降なされていましたが、実際には平成25年度試験までは、そのような補正はなされていませんでした。

## 近年の配点

| 試験科目 | 出題形式 | 出題数 | 満点 | 科目計 | 総計 |
|---|---|---|---|---|---|
| 法令等 | 5肢択一式<br>（1問4点） | 40問 | 160点 | 244点 | 300点 |
| | 多肢選択式<br>（1問8点／空欄1つにつき2点） | 3問 | 24点 | | |
| | 記述式<br>（1問20点） | 3問 | 60点 | | |
| 基礎知識 | 5肢択一式<br>（1問4点） | 14問 | 56点 | 56点 | |

上記の配点で、次の①～③の全ての条件を満たした人が合格するとされています。
①法令等の得点が、122点以上（満点の50%以上）。
②基礎知識の得点が、24点以上（満点の40%以上）。
③試験全体の得点が、180点以上（満点の60%以上）。

はじめてこの補正的措置が実施されたのは平成26年度試験です。①の法令等での基準が１１０点以上、③の試験全体の得点が１６６点以上とされました。

この補正的措置を受けても前年に比べて１５００名も合格者が減っているのですから、補正的措置を取らなければ、さらに大幅に合格者が減少する事態になったでしょう。

もちろん、このようなことが頻繁に起こるとは考えにくいですが、上記の①～③の条件を満たせば合格できるのですから、目標はこれをクリアすることです。

## ◎とにかく一通りテキストを読み終えてしまおう

繰り返しますが、行政書士試験に合格するためには、原則として300点中の180点以上、つまり60％以上正解しなければなりません。そして、合格率からわかるように、60％以上の正解をした受験者は全体の10％～15％程度です。

ここから、満点を狙って学習するのがいかに無謀な行動かということがわかります。

したがって、学習にあたっては「40％は正解できなくても合格できるのだから、細かいことは気にせずにどんどんテキストを読み進めよう！」という気楽な気持ちを持つほうが、うまくいきやすいと言えます。

最初からテキストの全ての情報を吸収しようとすると、集中力が続かず、その膨大さに頭のなかがパニックになってしまうでしょう。

高得点をあげて合格しても、運転免許証のようにゴールドカードが発行されるわけではないですから、学習の最初のうちはあまり細かいことを気にせずに、一通りテキストを読み終えることを重視すべきです。

それができれば、「一通り難しいテキストを読み終えることができたんだ！」という達成感を得られ、次のステップに気持ちよく進むことができます。

# 3 試験の出題形式はどうなっている？

合格の鉄則

「5肢択一式」「多肢選択式」「記述式」の3パターンがある

**◎内訳は「法令等」と「基礎知識」**

次に、行政書士試験の出題形式を確認しましょう。

出題内容は、「行政書士の業務に関し必要な法令等」と「行政書士の業務に関し必要な基礎知識」に分けることができます。

全部で60問が出題されますが、その内訳は、

- 行政書士の業務に関し必要な法令等からは46問
- 行政書士の業務に関し必要な基礎知識からは14問

となっています。

## 5肢択一式の出題例

（令和４年度　問題６）
内閣の権限に関する次の記述のうち、憲法の規定に照らし、
妥当なものはどれか。

1　内閣は、事前に、時宜によっては事後に、国会の承認を経て条約を締結するが、やむを得ない事情があれば、事前または事後の国会の承認なく条約を締結できる。
2　内閣は、国会が閉会中で法律の制定が困難な場合には、事後に国会の承認を得ることを条件に、法律にかわる政令を制定することができる。
3　参議院の緊急集会は、衆議院の解散により国会が閉会している期間に、参議院の総議員の４分の１以上の要求があった場合、内閣によりその召集が決定される。
4　内閣総理大臣が欠けたとき、内閣は総辞職をしなければならないが、この場合の内閣は、あらたに内閣総理大臣が任命されるまで引き続きその職務を行う。
5　新年度開始までに予算が成立せず、しかも暫定予算も成立しない場合、内閣は、新年度予算成立までの間、自らの判断で予備費を設け予算を執行することができる。

法令等のうちの40問と基礎知識の14問の計54問は、5つの選択肢から妥当なもの、または妥当でないものなどを1つ選ぶ**「5肢択一式」**の形で出題されます（上図参照）。

また、法令等に限り、残り6問のうち3問は文章にア～エの空欄があり、20個から構成される語群から適切な用語を選んでその文章を完成させる**「多肢選択式」**の問題が出題されます（38ページ参照）。

## 多肢選択式の出題例

（平成25年度　問題42）

次の文章の空欄［ア］～［エ］に当てはまる語句を、枠内の選択肢（1～20）から選びなさい。

行政上の義務違反に対し、一般統治権に基づいて、制裁として科される罰を［ア］という。［ア］は、過去の義務違反に対する制裁である。［ア］には、行政上の義務違反に対し科される刑法に刑名のある罰と、行政上の義務違反ではあるが、軽微な形式的違反行為に対して科される行政上の［イ］とがある。［イ］は、［ウ］という名称により科される。普通地方公共団体も、法律に特別の定めがあるものを除くほか、その条例中に［ウ］を科す旨の規定を設けることができる。［ウ］を科す手続については、法律上の義務違反に対するものと、条例上の義務違反に対するものとで相違がある。条例上の義務違反に対して普通地方公共団体の長が科す［ウ］は、［エ］に定める手続により科される。

1　強制執行　2　科料　3　強制徴収　4　過料
5　行政事件訴訟法　6　禁錮　7　行政罰　8　執行罰
9　即時強制　10　非訟事件手続法　11　直接強制　12　地方自治法
13　行政刑罰　14　代執行　15　課徴金　16　刑事訴訟法
17　罰金　18　懲戒罰　19　秩序罰　20　行政手続法

## 記述式の出題例

（令和４年度　問題 45）

Ａが所有する甲不動産について、Ａの配偶者であるＢが、Ａから何ら代理権を与えられていないにもかかわらず、Ａの代理人と称して甲不動産をＣに売却する旨の本件売買契約を締結した後、Ｂが死亡してＡが単独で相続するに至った。ＣがＡに対して、売主として本件売買契約を履行するよう求めた場合に、Ａは、これを拒みたいと考えているが、認められるか。民法の規定および判例に照らし、その許否につき理由を付して 40 字程度で記述しなさい。

（下書用）　10　15

| | | | | | | | | | | | | | | |
|---|---|---|---|---|---|---|---|---|---|---|---|---|---|---|
| | | | | | | | | | | | | | | |
| | | | | | | | | | | | | | | |

**※著者注**

問題文では「40 字程度」とされていますが、実際の解答欄は 45 字分用意されています。ですから、45 字以内で解答することになります。

残りの3問は、問われた内容について、解答となる文章を40字程度で作成させる**「記述式」**が出題されます（39ページ参照）。

## ◎過去問の分析は、平成18年度からでOK

出題傾向を確認したり、学習の方針を決める際には、過去問題の分析が大切になってきます。

これに関しては、基本的に平成18年度試験以降の問題を中心に行います。というのも、現在の行政書士試験の出題数や出題形式は、平成18年度の試験からはじまったものだからです。

行政書士試験の実施に関する事務は都道府県ごとに行われることになっているため、昭和61年度までは全国で統一された問題が使用されていませんでした。全国で統一された問題が使用されはじめたのは昭和62年度のことで、平成11年度までは出題範囲も今のものとだいぶ違っていたのです。

当時の法令等についての出題では、現在の試験科目以外にも、労働法、税法などの法律の知識が問われていました。

基礎知識については、情報通信・個人情報保護などは出題されておらず、数学や理科なども出題範囲となっていました。また、時事問題などについて８００字程度で記述する論述問題が１問出題されていました。

平成12年度試験から、主に大学の教授が作問をする試験委員制度が導入され、これによって基礎知識の数学や理科などから出題がなくなり、法令等では記述式が導入されましたが、現在の出題形式ではなく、空欄に語句を補充する形式の出題でした（多肢選択式の出題はありませんでした）。

このような移り変わりがあるため、過去問題を参考にする際は、平成18年度以降を中心にすると効率がいいのです。

# 4

# 「法令等」の出題傾向を見てみよう

合格の鉄則

「行政法」と「民法」のウェートが非常に高い！

### ◎法令等の範囲は5科目

では、より具体的に科目ごとの出題傾向を見ていきましょう。

詳細は第6章で説明しますので、ここでは試験科目の入門として、大まかな内容について説明することとします。

まずは、「法令等」からです。

行政書士の業務は多岐にわたっているため、他の士業と異なり、業務に関連する専門的な知識を問うことはできません。

そこで、官公署に提出する書類や権利義務・事実証明に関する書類は、全て法律を根拠としていることから、一般的な法律に関する知識が問われます。

### 法令等の出題割合

| | 憲　法 | 行政法 | 民　法 | 商　法（会社法） | 基礎法学 |
|---|---|---|---|---|---|
| 択　一　式 | 5問 | 19問 | 9問 | 5問 | 2問 |
| 多肢選択式 | 1問 | 2問 | 0問 | 0問 | 0問 |
| 記　述　式 | 0問 | 1問 | 2問 | 0問 | 0問 |

具体的には、以下の5分野から出題され、出題割合は例年、上の図のようになっています。

- **憲法**
- **行政法**
- **民法**
- **商法（会社法）**
- **基礎法学**

これを見ると、「行政法」と「民法」の出題ウェートが非常に高いことがわかります。

また、全46問中3問は、問われた内容について解答となる文章を40字程度で作成させる、「記述式」の問題です。

## ◎各科目の内容とは？

では、「法令等」の各分野について、内容を見ていきましょう。

## （1） 憲法

中学校の「公民」や高校の「政治経済」などの科目で学習した日本国憲法から出題されます。日本国憲法は、日本国民が生まれたときから有している「基本的人権」や、国会、内閣、裁判所などの「統治機構」について規定するわが国の最高法規です。

## （2） 行政法

書店の法律書のコーナーに行くと、幅をきかせて置いてあるのが「六法」です。六法には法律の条文が載っているのですが、よく見てみると「行政法」という法律名はありません。

行政法とは、行政（役所）がさまざまな活動をする際に運用する法律の総称のことで、千種類以上の法律の集まりを言います。

「そんなに多くの法律を学習しなければならないのか」と思われるかもしれませんが、行政書士試験で問われる範囲は、次のようにだいたい決まっています。

### ①行政の組織に関する法律

行政が活動する際の組織に関する法律から出題されます。

例えば、「内閣」に関係する組織について規定した「内閣府設置法」、内閣府以外の行政機関

## 行政法の出題内容

| | |
|---|---|
| ①行政の組織に関する法律 | 地方自治法、内閣府設置法、国家行政組織法、国家公務員法、地方公務員法 など |
| ②行政の活動に関する法律 | 行政手続法 など |
| ③行政の活動により不利益を受けた国民を救済する法律 | 行政不服審査法、行政事件訴訟法、国家賠償法 など |

の組織について規定した「国家行政組織法」、行政組織における職員の職務について規定した「国家公務員法」などからの出題があります。

さらに、地方公共団体の組織や職員の職務について規定した「地方自治法」や、「地方公務員法」からも出題されます。

このなかでは、「地方自治法」がもっとも重要な科目で、例年、択一式が3問〜4問程度出題されています。

**②行政の活動に関する法律**

行政の活動そのものを規律する法律からの出題があります。

具体的には、行政の手続について一般的な決まりを定めた「行政手続法」があり、例年、択一式が3問程度出題され、過去には記述式も出題されています。

その他は、法律ではないのですが、行政法を研究している学者の唱えた「学説」についても出題されます。

これは、行政法という固有の法律がないことによるものであり、数多くの行政の活動に関して「学説」によるグループ分けがなされ、そのグループごとに出題されます。この学説からは、例年、択一式が2問～3問出題され、記述式も出題されています。

### ③行政の活動により不利益を受けた国民を救済する法律

行政の活動は法律違反などを犯さないことが前提となりますが、この前提が破られてしまうこともあります。そこで、違法又は不当な行政の活動により不利益を受けた国民を救済するための法律があり、それらの法律からも出題されます。

具体的には、行政の活動によって不利益を受けているものの、裁判を提起するまでではないというときに、不服を申し立てる手続を規定した「行政不服審査法」、そして実際に裁判を提起する際の手続を規定した「行政事件訴訟法」、行政の違法な活動により被害を受けた国民が損害賠償を請求できる旨を規定した「国家賠償法」などから出題されます。

この③に関する法律は、行政法の出題のなかでももっとも出題数が多く、例年、全体で択一式は8問、多肢選択式が1問、記述式が1問程度出題されています。

## (3) 民法

「民」の法と書く通り、「人」と「人」との「関係」を規律した法律です。

この「関係」の意味として、1つは「財産」に関しての関係があり、財産に関する法ということで「財産法」と呼びます。そして、この「財産法」で規定する「財産」はさらに2つに分類されます。

例えば、Aさんが自分の所有している自転車を、Bさんに1万円で売却した場合、Aさんは、Bさんに1万円を請求する権利を取得します。逆にBさんは、Aさんに自転車を引き渡してもらう権利を取得します。このように、人に対する請求権を「財産」と位置づけ、これを「債権」と呼びます。

また、例えばCさんが、Dさんから家を購入し、自分の物にした場合のことを考えましょう。この場合、Dさんの家の所有権はCさんに移動します。この「所有権」など、物に対する権利のことも「財産」と位置づけ、これを「物権」と呼んでいます。

民法では「財産」に関して、「債権に関する法」と「物権に関する法」を、どちらも「財産法」として位置づけ、さまざまな規定を設けています。

さらに、民法が規律する「関係」の意味のもう1つに、「家族」に関しての関係があります。こちらは、家族に関する法ということで「家族法」と呼びます。

「家族法」は、結婚をして、子どもが生まれるなどの親族関係を指す「親族」、そして、家族が死亡した場合の手続などを指す「相続」について規定します。

行政書士試験では、択一式の9問の出題のうち、例年、財産法から8問、家族法から1問の割合で出題されています。また、主に「財産法」から記述式の問題も2問出題されています。

## (4) 商法(会社法)

商法は、「商い」に関しての決まりを定めた法律です。商いをする人も「人」には変わりないので、「民法」の規定が適用されます。商法は民法の特別法であり、商法と民法に同じ事項について規定がある場合には、特別法である商法を優先する旨の定めがあります。

商法は、商いで契約などをするので、一般人を対象とした民法よりも厳しい決まりを設けて、商いをスムーズに進められるようにしています。

商法の他に、「会社法」も出題されます。これは、「株式会社」などの会社の設立から清算までの手続を規定したものです。

この分野全体で、択一式が5問出題されますが、例年、商法から1問、会社法から4問が出題されています。

## (5) 基礎法学

基礎法学とは、法律全般を理解するに際して必要な基礎知識のことを意味します。具体的には、「法令用語」や「法の解釈方法」などです。

さらに、行政書士試験では、日本の「裁判制度」をクローズアップして出題するという特徴もあります。

# 5

# 「基礎知識」の出題傾向を見てみよう

合格の鉄則

令和6年度試験から出題内容に変更があった！

## ◎「基礎知識」の範囲は4分野

次に「基礎知識」の出題内容を確認しましょう。

この分野については、令和6年度試験より出題内容に変更がありました。

令和5年度試験までは、「一般知識等」として「一般知識（政治・経済・社会）（例年8問程度出題）」「情報通信・個人情報保護（例年3問程度出題）」「文章理解（例年3問程度出題）」の3分野から出題されていましたが、令和6年度試験から新たに科目名が「行政書士の業務に関し必要な基礎知識」となり、さらに「行政書士法等行政書士業務と密接に関連する諸法令」が加えられ、それぞれの分野から1題以上出題することとされました。

「行政書士法等行政書士業務と密接に関連する諸法令」が追加されることにより各分野の出題数が変動しました。

## 行政書士の業務に関し必要な基礎知識

①一般知識
②情報通信・個人情報保護
③文章理解
④行政書士法等行政書士業務と密接に関連する諸法令

令和5年度試験まで、例年8問程度出題されていた「一般知識」については、若干重要度が下がることにより出題数が減り、その分「行政書士法等行政書士業務と密接に関連する諸法令」の出題に割り当てられる結果となりました。

以下では、これらの4分野について、その内容を見ていきましょう。

### (1) 一般知識

旧制度から引き続き、高校で学習する「政治経済」や「現代社会」の授業で取り扱う分野が主に出題されています。

時事的なネタを加味して出題されることもよくあるので、「政治経済」で取り扱う基本的な用語やルールなどに加え、日頃からニュースなどで時事的な問題に目を光らせておく必要があります。例えば、「民泊」のようなホットな内容を出題される可能性もあります。

出題内容は「国内政治」「国際政治」「国内経済」「国際経済」

「財政問題」「雇用」「少子高齢化」「環境問題」などと多様化しているため、どこまで学習すればいいのかの限界がありません。

ですから、あまり得点は望めない分野であり、1問でも多く正解できれば御の字と割り切る必要があります。

独学の場合や、一括で教材が届くスタイルの通信講座では、フォローしきれないこともありますので、学習スタイルを選択するにあたっては、こうした点も検討材料の1つと考えてください。

### (2) 情報通信・個人情報保護

「情報通信」では、現代社会の情報化によるさまざまな弊害への対処法を規定した法律(不正アクセス禁止法やプロバイダ責任制限法など)からの出題や、インターネットを活用する際に必要な用語(IPアドレスやコンピュータウイルスなど)からの出題がなされます。

「個人情報保護」では、民間企業や行政機関が個人情報を取り扱う際の規制などを定めた「個人情報保護法」から出題されます。

特に「個人情報保護法」は、一度の試験で2問程度出題されることもあるので、この分野では試験対策上もっとも重要な法律です。

## (3) 文章理解

これは、高校入試や大学入試における現代文の「長文読解」のようなものです。公務員試験では「文章理解」と呼んでおり、行政書士試験でもそれにならってこのような科目名にしているようです。

例年、3問が出題されており、その「要旨把握」や、必要な語句を挿入して文章を完成させる「空欄補充」、そして、バラバラになった単文を組み合わせて長文を完成させる「文章整序」問題などが出題されます。

出題される文章は難しい内容ではないため、試験会場で時間をかけて解答すれば、3問全問正解が可能です。

## (4) 行政書士法等行政書士業務と密接に関連する諸法令

令和6年度試験から新設された分野です。といっても、実は平成17年度試験までは法令等の科目として出題されていた科目が基礎知識の科目として取り扱われるようになった形になっています。

令和6年度試験実施前に総務省から公表された各種資料を参照してみると、①行政書士法、

②戸籍法、③住民基本台帳法「等」行政書士の業務に必要な諸法令を出題するとされているため、少なくとも、上記の①～③は出題されると思われました。

そして、実際には、令和6年度試験では、行政書士法及び住民基本台帳法が出題されました。なお、公表された資料には「等」とされているため、その他の行政書士の業務に必要な法令も出題されることが想定されます。それではこの「等」にはどのような法令が考えられるのでしょうか。

ヒントは、過去「一般知識等」の分野において、出題されたことがある行政書士の業務に関連する法令にあります。例えば、平成29年度試験で出題された「著作権法」、平成30年度試験で出題された「風俗営業等の規制及び業務の適正化等に関する法律」、令和元年に出題された「廃棄物の処理及び清掃に関する法律」があります。これらの法律は行政書士の業務に関連するものですので、出題される可能性があります。

Column

# 誰が試験問題を作成しているのか

国家試験の問題の作成者は、大きく分けて3つに分類されます。

第1に、実務的な要素の高い試験では、その実務に精通した専門家が問題を作成する場合があります。もし、行政書士試験の知識がすぐに実務に通じるようなものであるならば、登録して活躍している行政書士が作問をすることになりますが、すでに説明した通り、この試験にはそのような要素はありません。したがって、このケースには該当しないことになります。

第2に、国家試験を所管する役所の職員等が作成する場合があります。例えば、宅地建物取引士資格試験では、この試験を管轄する国土交通省の課長などが中心となって、当該試験の問題を作成しています。

行政書士試験についても、平成11年度までは、試験を管轄している旧自治省（現総務省）の職員等が作成していたようですが、平成12年度試験以降は変更されました。

第3に、試験科目に関連する研究をしている大学の教授や准教授らを中心として、問題を作成する場合があります。

現在の行政書士試験は、この第3のケースに当てはまります。令和6年度の時点では、全部で20名の試験委員が任命されており、すべて大学の教授及び准教授となっています。

試験委員である大学の教授などは、行政書士の業務を大まかに把握していると思われますが、実務に精通しているわけではありません。したがって、作問される行政書士試験の問題は、純粋に学問としての法律等から出題されることになります。

第3章

# 短期合格のコツ

# 1

# 1年目に合格することを考える

合格の鉄則
長期計画は挫折のもと。飽きっぽい人ほど短期で勝負するべき

## ◎受験を決めたときがモチベーションのピーク

行政書士の試験は、できるだけ思い立ったその年に合格することを考えるべきです。

なぜなら、前に説明した通り、行政書士試験は例年11月の第2日曜日の年1回しか実施されないからです。

例えば、行政書士試験の勉強を始めようと思ったのが4月だとして、「夏までは仕事が忙しいから、今年の受験は難しい。来年の合格を目標にして無理のない計画で学習しよう」という受験者がいたとしましょう。

たしかに、2年後を見据えて計画的に学習するのも1つの選択です。

しかし、人間がやることですから、2年にもわたる長期的な計画を本当に実行していけるかと言えば、途中で挫折してしまう人のほうが圧倒的に多いのが現実です。

## 直近の試験日にゴールを設定する

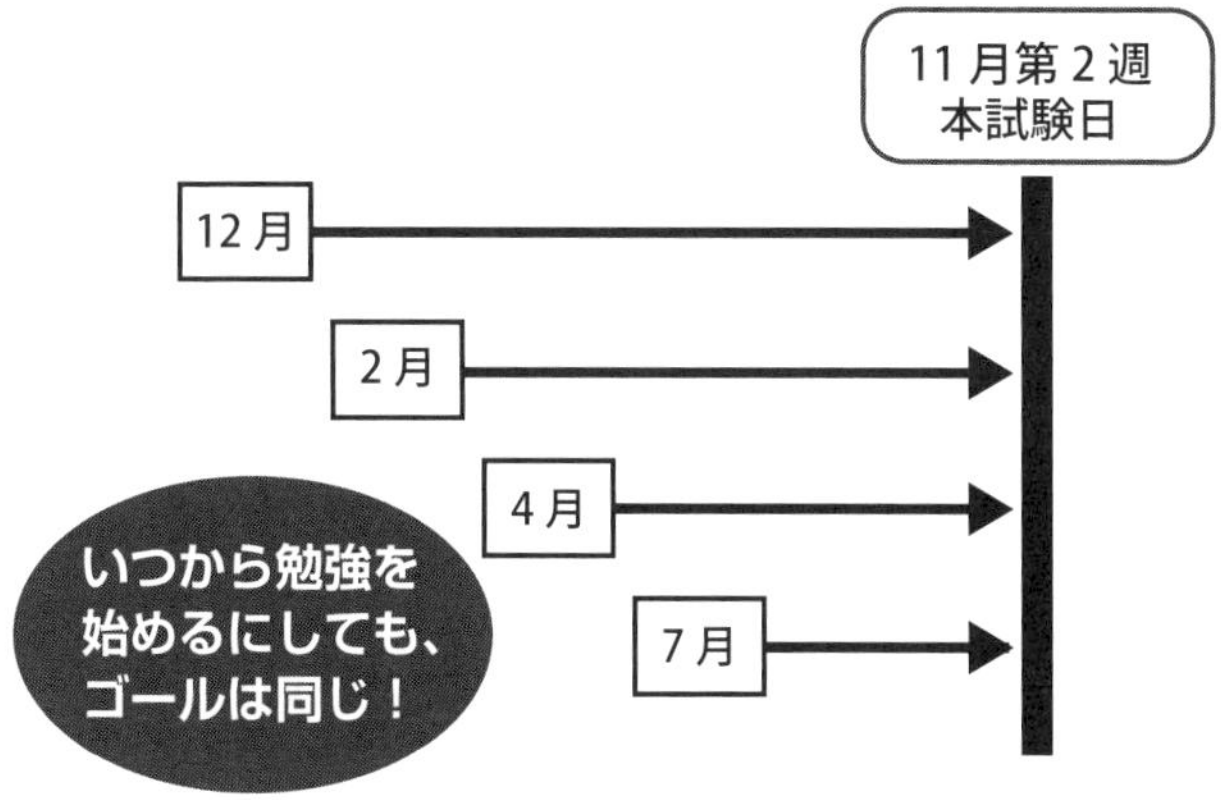


そもそも、資格取得の勉強という孤独な作業で、長期にわたってモチベーションを保っていくのは大変なことです。

通常、一番気持ちが盛り上がっているのは、行政書士試験の受験を決断し、テキストを購入したり、講座を申込んだりする時点です。そこから、たった1カ月、2カ月の間にも、モチベーションは着々と下がっていきます。

試験勉強をサボっても、誰かに咎められるわけではありませんから、「今日だけはいいかな……」「今週はいいや」などと甘えも出てきます。

そうしてダラダラしているうちに試験直前期になり、「もう間に合わないので、また来年頑張ろう」と言いながら、結局は受験自体をあきらめてしまう、というのがよくあるパターンです。

## ◎時間をかけるほど、覚えたことを忘れてしまう

また、せっかく苦労してインプットした知識でも、長期間にわたってそれを維持することは困難です。最初のころに学んだことを2年後にも覚えているには、その間ずっと反復学習を繰り返さなくてはなりません。

その上、決定的なことに、行政書士試験で出題される内容は主に法律であり、これらの法律は頻繁に改正が行われます。1年前にインプットした法律の知識が、法改正によって無駄になり、新たに勉強し直さなければならない、ということも多々あるのです。

合格までに時間をかけるほど、余分な努力を要することになりかねません。

行政書士試験の勉強はたしかにラクではありませんが、合格するために学習するべき範囲や分量は決まっています。この範囲や分量をショートカットすることは、誰もできません。

その決まった範囲や分量をこなしきるには、より短い期間で一気に合格まで突き進むこと。結果的に、それが一番無駄が少ない方法となります。

だからこそ、勉強開始の時期に関係なく、まずは無理を承知で、その年の試験に合格することを目標に、学習スケジュールを立てることをおすすめします。

# 2

## 学習計画は「時間」でなく「量」で考える

合格の鉄則

合格のために、これだけはこなさなければならない「絶対量」がある

### ◎「1日何問」「1日何ページ」で日々のノルマを決定

行政書士試験に合格するには、まず学習計画を立てる必要があります。

誰しも勉強のために使える時間は限られているのですから、その時間にいかに学習内容を割り振っていくかが、勝敗を決めると言っても過言ではありません。

とはいえ、そこで理解しておかなくてはならないのは、「1日に3時間勉強する」とか「平日は帰宅後2時間、週末はまとめて6時間勉強しよう」といったアバウトな計画の立て方では、なかなかうまくいかないということです。

筆者は、よく「何時間勉強したら行政書士試験に合格できますか?」という質問を受けるのですが、「それは、わかりません」とお答えしています。

前述したように、行政書士試験に合格するための範囲や分量は決まっており、合格するのは

この範囲や分量をこなした人なのです。そして、この範囲の分量をこなす時間は人によってさまざまなので、一概に「何時間勉強したら合格できる」と断言することはできません。

大事なのは「逆算」という考え方です。

「1日に何時間」というのは積み上げ方式の勉強法で、結果的には合格に必要な範囲と分量をこなしきれないまま、試験当日を迎えてしまう可能性があります。

そうではなく試験日から逆算して、「1日何問」あるいは「1日何ページ」こなせば、必要な勉強が終わるのかをまずは割り出すのです。


例えば、試験日まであと9ヵ月だとします。この期間内に3000ページのテキストを読んで理解し、問題を500問こなさなければならず、さらにこの問題を2回は復習しなければならないとしましょう。

まず、6ヵ月をインプット期間と考えると、3000ページを180日で割って、1日あたり約17ページ読み進まなければならないという計算が成り立ちます。

さらに、試験日から3ヵ月前をアウトプット学習の期間と仮に考えると、【500問×3回＝1500問】を90日で割って、1日あたり約17問の検討が必要となります。

これで1日のノルマが自ずと決まるわけです。ただし、このノルマをきちんとこなしていか

**1日あたりの勉強量を算出する**

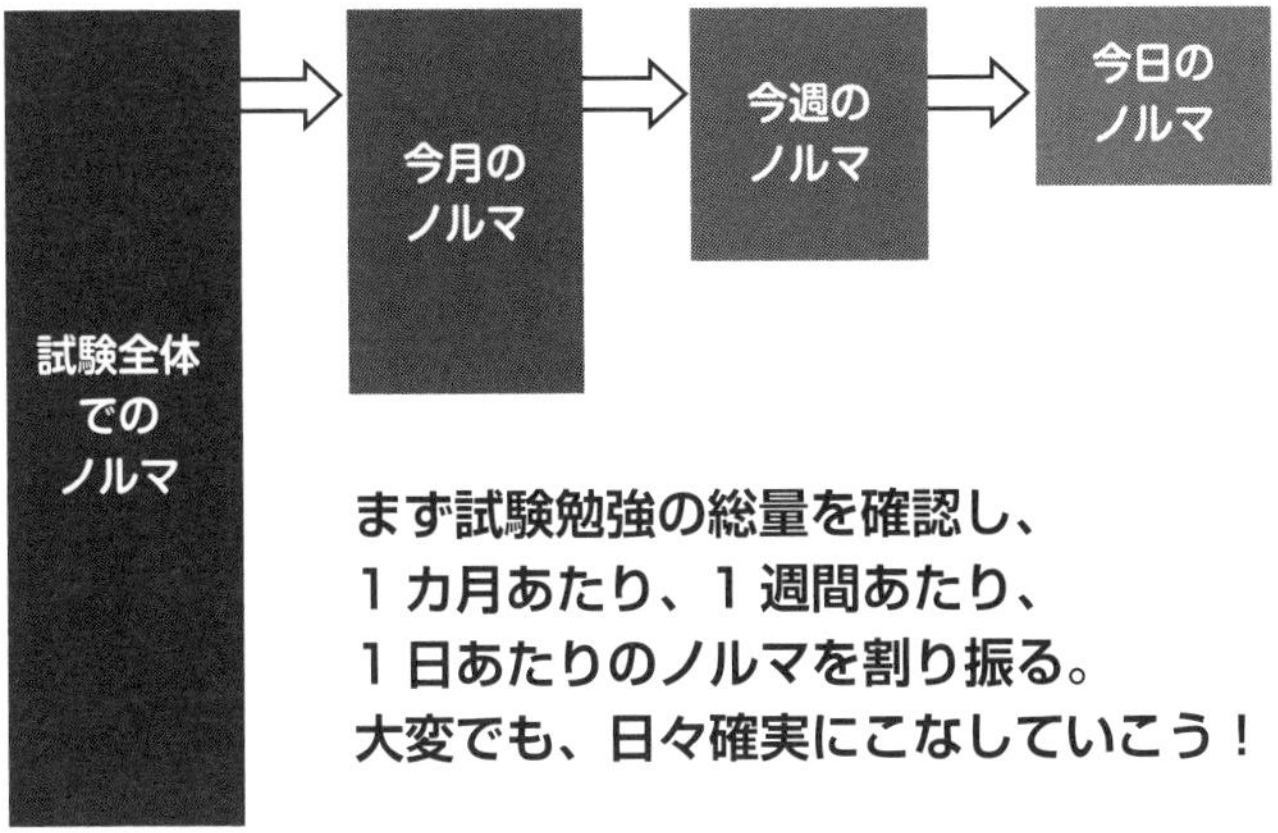
試験全体でのノルマ
今月のノルマ
今週のノルマ
今日のノルマ
まず試験勉強の総量を確認し、
1カ月あたり、1週間あたり、
1日あたりのノルマを割り振る。
大変でも、日々確実にこなしていこう！

ないと、1日サボると翌日は2倍の学習量に、2日サボるとその翌日は3倍の学習量になってしまいます。

ですから、日々のノルマ達成のためにちょっとした時間も無駄にすることができなくなり、ある意味、日々のやりがいを感じて勉強をすることが可能となります。

### ◎細切れ時間の徹底活用がカギ

1日のノルマを決めて学習を進める際に、大事になるのは、学習の「習慣化」です。

行政書士試験の勉強は、机に座って数時間を過ごす必要はありませんし、そのような時間を毎日確保することは至難の業かと思います。

そこで、細切れの時間を有効に使う必要があります。

**学習を習慣のなかに組み込む**

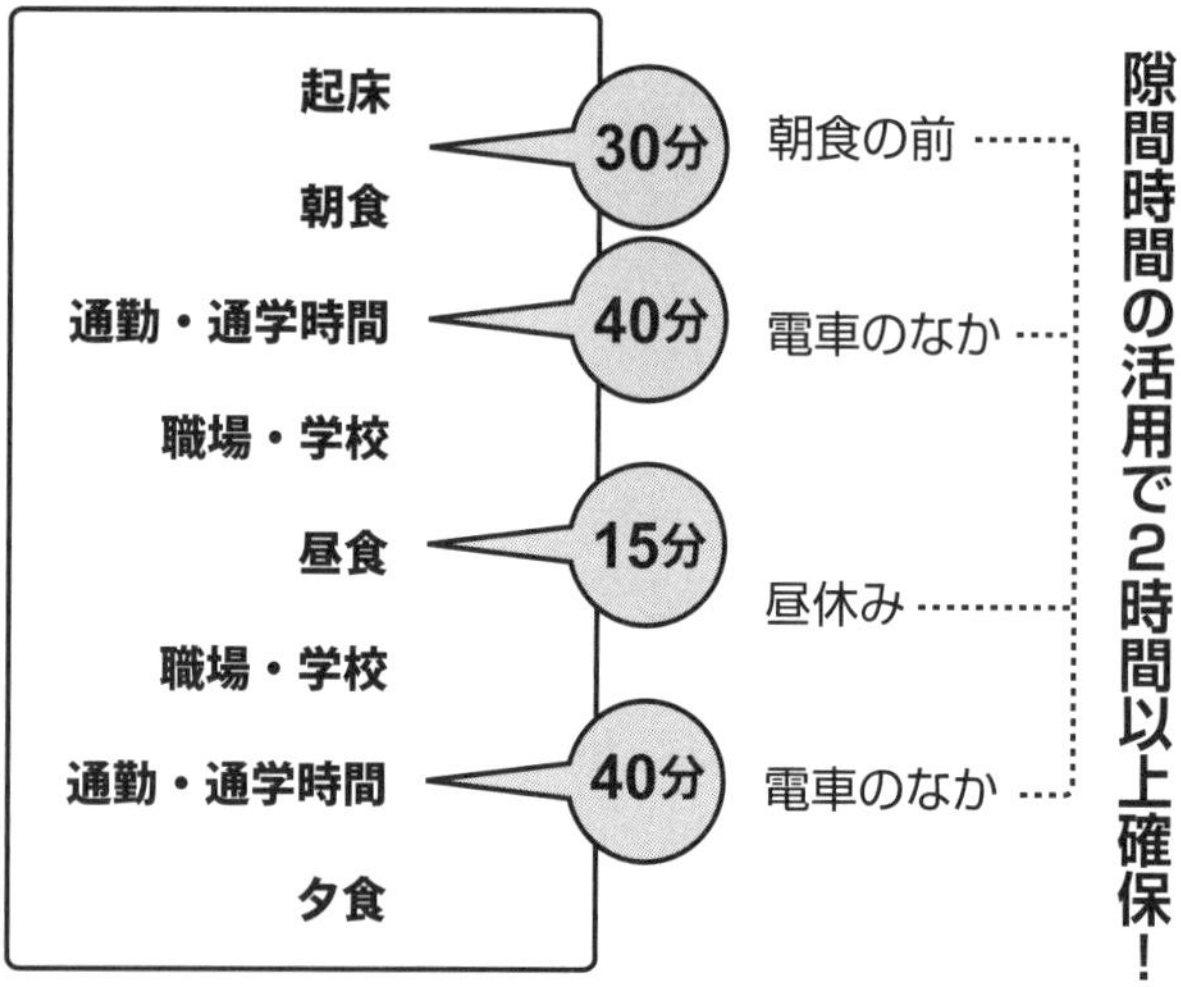


朝起きたら顔を洗って、新聞を読んで、朝食を食べて、家を出て、決まった電車の車両に乗り、会社に着いたら会議資料に目を通すなど、誰でも日常生活のなかに習慣となっている行動が数多くあります。

この習慣のなかに、こまごまと行政書士試験の勉強時間を組み込むのです。

1日のノルマを効率よく消化するために、朝30分早く起きて朝食の前にテキストを5ページ読む、昼の休憩時間で15分間問題を3問解答する、などです。

「塵も積もれば山となる」、こまごまとした時間を使った学習を習慣化すれば、無理せず学習ノルマを達成することができます。

# 3

# 飽きたら別の科目を学習しよう

合格の鉄則

せっかくのまとまった時間は、有効に使い切れ！

## ◎適当な時間で、別の科目に切り替える

こまごまとした時間での勉強を習慣化できてくると、今度は毎日、淡々とノルマをこなすことに飽きてくるものです。すると、テキストを読んでも別のことが頭に浮かび、なかなか集中できません。

そんなときは、思い切ってその科目の勉強を中断し、別の科目に手をつけてみましょう。

例えば、「憲法」や「行政法」という科目は、国家と国民との関係の規律を定めた法律なので、公務員などの特殊な仕事をしている人は別として、日常生活との直接的な関わりは薄いものです。そのため、通常は勉強をしていても、あまり面白いものではありません。

それに対して「民法」という科目は、個人と個人との間で契約がこじれた場合の解決方法などを規定した法律なので、自分の生活のなかでの出来事や登場人物に置き換えて学習をするこ

とが可能です。その点では、勉強をしてみると結構面白いものです。

そこで、憲法の学習の途中で飽きてきたら、しばらく民法の学習を挟み、また憲法に戻るという方法もあります。1日何ページとか何問というノルマをこなせばいいのですから、科目が異なっても結果は同じです。

さらに、1日1科目しか学習しないと決めつける必要もありません。朝は憲法、昼は行政法、夜は民法という勉強方法でも構いません。

勉強をする際に、集中力を切らさない工夫を、自分なりにしていくことが大切なのです。

## ◎忘れてもいい、とにかく前へ進む！

行政書士試験の学習は、まずテキストに書いてある内容を理解することからはじまります。

ところが、各科目ごとのテキストは、通常、数百ページはあるものばかりです。

行政書士試験に限らず、国家試験や大学・高校の受験勉強などで、次のような経験をしたことはありませんか？

「今日読んだページは理解したけど、1週間前に読んだページを見たらほとんど忘れていた。どうしよう……。もう一度戻って読み直そうかな」

これは誰でも経験することです。特に法律を生まれてはじめて勉強する方の場合には、なおさらでしょう。

こういうときには、後ろを振り返らずに、とにかくテキストを読み進めることが肝心です。

過去に学習したところを忘れてしまうといっても、１００%忘れてしまったわけではありません。何らかの形で、頭のなかに残像があるものです。

この残像は、後で学習した事項と繋がることもありますし、アウトプットとしての問題練習の際に、頭のどこかに隠れていた知識として蘇ることもあります。

大事なのは、何度も繰り返し確認することなので、忘れることを恐れずに、どんどんノルマをこなしていくようにしましょう。

## 4 合格者は、無駄な勉強をしていない

合格の鉄則
得点に直結する部分を確実に押さえている

### ◎なんでもかんでも詰め込むのは非効率

効率よく学習を進めていくには、行政書士試験に合格した人に話を聞くことも役立ちます。

どんな教材を使って、どんな勉強をしたかを聞いて、それを取り入れていくのです。

実際に合格者と話をしてみると、必ずしも試験科目に関する膨大な知識を持っているというわけではないことに気づきます。内心、「この程度だったら、自分でも大丈夫かも」と思われることでしょう。

なぜかと言えば、合格率10％前後の行政書士試験を突破する人の多くは、無駄な勉強をしていないからです。得点に直結する重要な部分だけはしっかりと押さえ、影響が小さい部分はそれなりに対処するなど、メリハリを効かせた学習手法をとっていることがほとんどです。

とくに合格者の生活パターンが自分に近い場合は、マネをしやすいですし、実際に合格者と

接することでモチベーションの強化にもつながります。

なかには「自分の近くには合格者がいない」という人もいるかもしれません。その場合には、受験指導校のガイダンスで合格者の体験談を聞くこともできますし、一般書籍として合格体験記なども発刊されていますので読んでみるといいでしょう。

## ◎「コッソリ、人に知られず」はあきらめたほうがいい

ときどき、友人や家族などの関係者に知られないように、コッソリ・ヒッソリ行政書士の試験勉強をしている人を見受けます。不合格になったときにかっこ悪い姿を見せたくないとか、転職活動の一環だと誤解されると困る、などといった理由からでしょう。

しかし、行政書士試験は、誰にも知られずコッソリ・ヒッソリ勉強して、合格できる試験ではありません。

勉強をはじめてから数カ月間は、細切れ時間の活用などをすれば、それほど日常生活への影響はないでしょう。しかし、さすがに9月ごろになると、復習すべき事項が増えてきて、まとまった時間をとって学習をする必要が出てきます。

となれば、会社員の場合は必然的に夜の一杯の誘いは断らなければなりませんし、家族のいる方であれば、休日の家族サービスを試験終了までは取り止めなければなりません。

遅かれ早かれ、行政書士試験を受験することは周囲に知られてしまう、と思っておいたほうが賢明なのです。むしろ早めに宣言をして、周りの人たちの理解を得ておくほうが得策でしょう。

こうして周囲の人に受験を宣言することは、自分に大きなプレッシャーをかけ、日々の勉強に対する態度を引き締めて、より集中できるようになるという効果も期待できます。

第4章

# 学習スタイル別アドバイス

# 1　学習スタイルⅠ「受験指導校」

合格の鉄則

**もっとも効率のいいレールを敷いてくれる、一発合格の強い味方**

## ◎自分で勉強方法を考えるロスを省ける

行政書士試験は、法律から一般知識まで多岐にわたって出題され、さらになかなか高得点を望めない難易度の高い試験です。闇雲に勉強をはじめるのは得策ではありません。

とはいえ、各科目ごとに適切なテキストや問題集を選定し、合格するために必要な知識及び学習分量を割り出して、独学で学習を進めていくのは大変な困難が伴います。

その点、自分なりの勉強方法を確立していなくても、合格するために必要な教材・講義・資料等を適切な時期に提供してくれる受験指導校を活用すれば、そのような問題にぶち当たることもありません。

ですから、よほど自信がある方以外は、受験指導校を実際に活用する・しないに限らず、そのカリキュラムや学習方法がどのようなものなのか、検討程度はしたほうが賢明でしょう。

というのも、多くの人は手はじめに入門書で科目全般を確認し、次に市販の試験対策用のテキストと問題集で学ぶ、という手順をとります。

そして、これでは合格は難しいと判断して、はじめて受験指導校の選択などを視野に入れることになります。

しかし、そのときにはすでに、相当の時間をロスしているケースが多いのです。

また、受験指導校では、前述した合格者の勉強方法や学習に役立つ情報なども発信していますので、たとえ申込みまでしなくても、その活用方法はいろいろあります。

**◎講師の生講義を受講するのが主流の時代から変化が……**

受験指導校を利用すると、そのカリキュラムを適確にこなしさえすれば、確実に合格に近づくことができます。その際に、まず考慮しなければならないのが、受講手段です。

受講手段は、だいたい次のように6つのパターンに分類できます。

**①実際に通える校舎におもむき、講師の生講義を受講する方法**
**②実際に通える校舎におもむき、DVDなどに収録された生講義を個別ブースで視聴する方法**
**③通学せずに、「校舎で収録」された生講義をDVDやオンラインを通して自宅等で視聴する方法**

**④通学せずに、「通信専用の収録設備で収録」された講義をオンライン（Web）を通して自宅等で視聴する方法**

**⑤④と同様に、「通信専用の収録設備で収録」された講義を、DVD、CD等を通して自宅等で視聴する方法**

**⑥通学せずに、テキスト中心の教材で自宅等で学習する方法**

このなかで、もっとも理想的なのは①の方法と思われがちです。しかし、学習スタイルの多様化やコロナ禍により、昨今では変化が起きています。

①の方法のメリットは、講義時間がしっかり管理されており、試験直前まで事前に引かれたスケジュールに沿って学習をしていけるところです。また、疑問点は授業後などに講師に直接質問できるため、すぐに解決できるという利点もあります。

一方で、通常6カ月以上（平日であれば週2日の夜間各3時間程度、休日であれば毎週ほぼ終日）にわたりカリキュラムが組まれており、それを継続してこなせることが必要です。毎週必ずその時間帯に出席できるというように、ある程度時間に融通がきく人に適した方法です。

デメリットは、1回でも休んでしまうと講義についていくのが大変なことです。

各受験指導校とも、この点については、講義DVDの貸し出しなどのフォロー体制を敷いていますが、いったん歯車が狂うと元に戻すことは容易ではありません。

また、学習できる時間があるにも関わらず、その日程より先に講義を受講できない機会ロスを生んでしまう点にも考慮が必要です。


次に②及び③のパターンを見てみます。

これらのパターンは、通学講座の講義をそのまま映像にしたもので、学習の分量は①と変わりません。加えて、次の2つのメリットがあります。

- **受講時間に制約がないため、自分の生活リズムに合わせて受講できる**
- **①と異なり、講義の受講スピードをその場で変更したり、1・5倍速で受講できたりするので、受講時間を短縮できる**

ただし、自分でスケジュール管理をしなければならないため、いったんさぼり癖がついてしまうと、どんどん受講すべき講義が溜まっていき、挫折する原因になります。

なかには、講義を飛ばして、配布されたテキストだけで勉強しようと考える人もいますが、これは難しいです。

講義用のテキストは独学用に作られておらず、講義とセットになったときにはじめて効果を発揮するものなので、テキスト単体で試験対策ができるわけではありません。受験指導校は、あくまで講義とテキスト等を一体として、カリキュラムを作成しているのです。

続いて④及び⑤ですが、②及び③との違いは、教室での講義をそのまま収録したのではなく、通信受講だけを考えて、スタジオ等で特別に収録している点です。

講師の世間話などは一切入りませんし、黒板やホワイトボードなどの板書に要する時間も入りませんので、内容に全く無駄がありません。

また、講師が講義を多少失敗してもすぐに修正がきくことから、その講師の最高の講義を受講することができます。提供される講義は、その指導校のナンバー1講師であることが多いところも大きなメリットです。

④のオンライン（Ｗｅｂ）の場合は、いつでもどこでも、あらゆるデバイス（パソコン、スマートフォン、タブレット等）が利用できることから、利便性にも長けています。

自分でスケジュール管理をすることは、②及び③と変わりませんので、この点には気をつけて、自分の性格や状況に合った選択をするようにしましょう。

## ◎①〜⑤の講義の受講を前提とした、受験指導校の選択の決め手とは？

受講手段を定めたら、次はどの受験指導校にするかの選択をすることになります。
その際のポイントとして、次の５つが挙げられます。

❶どんな手法を用いて、試験合格に導こうとしているのか
❷使用する教材（テキストや答案練習で使用する問題）
❸講師の質
❹講師との相性

### ❶どんな手法を用いて、試験合格に導こうとしているのか

受験指導校ごとにパンフレットが製作されているので、まずはこれを取り寄せてみましょう。パンフレットには、各校ごとに試験合格までのコースが設定され、どのような手法を用いて合格させようとしているのか、アピールポイントが書かれています。

その際に、まず目をつけるべきは講義と答案練習とのバランスです。

講義内容はもちろん大事ですが、内容を理解するだけでは到底合格できません。講義で獲得

した情報が、どのように試験問題に反映されるのかを確認することがより重要です。

答案練習は、テキストの記述範囲を超える予想問題の練習をすることも含まれ、この練習を通じたプラスαの学習で、他の受験生との差をつけていくものです。

例えば、「講義時間数がやたらと多いわりに、答案練習が各科目1回程度しか設定されていない」というような偏ったカリキュラムの受験指導校は、選択しないほうが無難でしょう。


また、「講師」「テキスト」「答案練習」の3つのバランスを見るのも大事です。「講師」「テキスト」「答案練習」が三位一体となり、一貫性のある指導になっていなければ、受講生は混乱してしまいます。したがって、それぞれの関連づけが明確にされていない受験指導校の選択は、あまりおすすめできないということになります。

「講師」だけを前面に押し出し、「テキスト」や「答案練習」の内容説明がほとんどないケース、逆に「テキスト」のサンプルばかり前面に押し出し、「講師」の紹介が氏名程度のような見せ方をしているケースは要注意です。

## ❷使用する教材（テキストや答案練習で使用する問題）

次は、使用する教材について詳細にご説明します。

「講師」だけを前面に出している受験指導校に多いのが、書店で販売されているテキストや他の受験指導校の教材をそのまま用いて、講義をするケースです。

前述のように、受験指導校は「講師」「テキスト」「答案練習」の一貫性が重要です。市販のテキスト等を用いている時点で、そもそも受験指導校の体をなしていない可能性があります。

このような場合は、なぜ市販のテキストを使用するのかについて、受験指導校に質問をして、納得のいく回答を得るようにしましょう。

書店で販売されている市販のテキストは、内容の良し悪しは別にして、他の競合テキストより書店でたくさん売れることを主眼として作成されています。ですから、私の目から見ると、必ずしも行政書士試験の合格に必要な情報量が収録されていないと感じるものも、実際に売られています。

価格、サイズ、厚さなどは競合商品との比較のなかで決まるため、ある程度は仕方ない部分もありますが、受験者を行政書士試験に合格させることを主眼とした、受験指導校の考え方とは異なる編集内容と考えたほうがよいでしょう。

### ❸講師の質

講師の質についても、よく見極める必要があります。

受験指導校によっては、行政書士試験に合格したばかりの人を、すぐに講師として採用している場合があります。たしかに、近々の試験に合格した実力を有しているのですから、知識量があることは間違いないでしょう。

しかし、指導者として適確な講義ができるかは別問題です。

受験指導校の講師は、定められた時間のなかで、必要な情報を余すことなく受講生に伝えることが仕事の1つです。このノウハウは、たとえ経験を積んだとしても、1年〜2年で身につくものではないのです。

通常は、一人前の講師になるまで、試験内容の分析、予想問題の作成、テキスト等の内容校正、受講生からの質問対応、チューターとしての受験アドバイスなどの業務を経て、講師としての下地を作ります。その後、メイン講師の補助役として一部の科目を分担し、数年後にようやく全科目を担当するという流れになっています。

もちろん、合格してすぐ講師になる人が全て不適任というわけではありませんが、念のため講師としての質を、模擬講義などを受けて確認することが必要です。

## ❹講師との相性

行政書士試験に合格するまで、長くつき合う講師との相性も非常に重要です。

相性が合うかどうかは、人により異なります。男性なのか女性なのか？　年齢は何歳くらいか？　頭に入ってきやすい話し方か（早くしゃべるか、ゆっくりしゃべるかなど）？　どんなに講義がうまい講師でも、自分との相性が必ずしも良いとは限らないので、ガイダンスや模擬講義をネットなどで確認するのがベストです。

## ◎効果が高い分費用はかかる。見極めは慎重に

受験指導校に合格までのレールを敷いてもらって勉強するのは、もっとも確実に行政書士試験に合格できる方法と言えます。

ただし、その分、受講費用はかかりますので、申込みの段階での冷静な判断が必要です。ガイダンスなどに出席して、その場の雰囲気でついつい申込んでしまうことがありますが、それは禁物です。いったん自宅に戻り、頭を冷やしてから正式に申込みをしましょう。なるべく多くの受験指導校のパンフレットを取り寄せ、実際に足を運んで確認をすることが大切です。数多くの受験指導校を比較するなかで、ある程度良し悪しも見えてくるでしょう。

## ◎テキスト中心、または手頃な費用で学習したい場合は……

近隣に適切な受験指導校がない、費用が捻出できない、毎週同じ時間帯に通学できないなど

といった場合には、「⑥通学せずに、テキスト中心の教材で自宅等で学習する方法」にあてはまる「**通信講座**」を利用することもできます。

ここで扱うのは、高価な受験指導校の通学講座と同じカリキュラムの教材ではなく、通信講座に特化した廉価な講座（5万円前後）のことだと考えてください。

想定する基本的な通信講座の教材構成は、主に次の4つです。

- **「科目別のテキスト」**
- **テキストの内容を理解したかを試す「提出課題」**
- **過去に出題された問題をまとめた「過去問題集」**
- **講座の内容について質問ができる「質問票」**

その他に、DVDやネット配信を通じた講義がついているケースもあります。

しかし、あくまでも補助的な位置づけですので、全てのカリキュラムが講義を主体とした構成にはなっておらず、ポイント解説レベルの内容です。

これらのような教材で構成された通信講座の最大のメリットは、他と比べて、受講料が非常に安いことでしょう。

## ◎自己管理ができる人には、便利で向いている方法

また、④及び⑤と同様、1年中どの時期からでも学習をスタートできるため自分のペースで学習ができる点、さらには、学習に必要な教材は一通り揃っているため、いちいち市販のテキスト等をどのように選択すべきかなどと考えなくても、学習をはじめられる点でも便利です。

一方で、学習のはじめから自分でスケジュールを立て、自己管理の下で長期間にわたって学習しなければならないので、相当の覚悟が必要となります。

多少言葉が悪いかもしれませんが、通信「講座」とは呼ぶものの、実際には「テキスト等の教材の組み合わせ」に過ぎません。「講師に質問をする権利のついた教材群」と考えたほうがよいでしょう。したがって、質問をする権利を十分に活用して学習することが、賢明な利用方法と言えます。

これらのメリット・デメリットを前提として、講座を選択する場合に、気をつけていただきたい点を述べておきます。

## ◎「価格」と「教材のラインナップ」の関係とは？

教材中心のお手頃講座の平均的な価格帯は5万円前後ですが、なかには2万円を切るものも

あります。

こう言うと、価格が高いほうが信頼が置けるような気もしますが、価格が高ければ教材の内容が充実しているかというと、必ずしもそうではないのが難しいところです。

まずは、価格などの先入観にとらわれず、各社の講座のパンフレット等を取り寄せて、教材のラインナップの比較をすべきです。

パンフレット等でチェックするのは、テキストの見本及びページ数、そして、練習問題や過去問題の有無です。安価な通信講座では、これらのアウトプット部分の教材がついていなかったり、非常に少なかったり、別売の場合もあります。

行政書士試験合格までのラインナップが揃っていないのでは、何のための講座かわかりませんので、ここはしっかり確認しておきましょう。

そして、教材ラインナップがしっかりと揃っていると判断したら、ここで初めて価格の比較を行い、受講申込みを検討しましょう。

合格に向けてもっともサポート力があるのは、やはり受験指導校の講座です。

したがって、それに近い教材の購入費用が必要となりそうであれば、より柔軟な対応が期待できる受験指導校の講座を、今一度検討し直してみることをおすすめします。

# 2 学習スタイルⅡ「独学」

合格の鉄則

**多少の試行錯誤は必要。まずは教材選びを間違えないように**

## ◎通信講座並みの教材は揃える必要がある

独学する場合についてもお話ししておきましょう。

独学の場合、合格までの道筋を、一度自分なりに組み立てた上で、勉強をはじめる必要があります。学習を進めるうちに、その勉強方法では十分な試験対策にならないと気づけば、軌道修正をして別の方法を採用してみます。

人によっては、自分なりの学習方法を確立するまでに、何度か試行錯誤を要することになるでしょう。

ここでは、スタートの時点でつまずくことのないよう、揃えておくべきテキストや教材等について説明しておきたいと思います。

独学で行政書士試験対策をする場合でも、通信講座並みの教材は揃えなければなりません。

「科目別テキスト」「過去問題集」「予想問題集」、そして条文を確認する「六法」です。

以下では、この選定方法についての注意点を確認していきます。

## (1) まずは法令等のテキスト・六法を選ぶ

例えば、他の法律系の国家試験を受験しているとか、法学系の大学院で行政書士試験の出題科目である「民法」や「行政法」を専攻しているなど、すでに行政書士試験受験の下地がある方は、受験指導校や通信教育の受講ではなく、独学を選択することがあると思います。

そこで、まず重要なのが、試験に合格するための情報をインプットするために、テキストを選択することです。

すでに説明したように、行政書士試験の試験問題では、業務に直接関連するような内容が出題されるわけではなく、学問上の知識が純粋に問われます。

そのため、すでに「民法」や「行政法」などの科目を学習している方なら、そこで使用したテキストを継続して使用しても問題はありません。あとは、自己の専攻分野以外の科目について、テキストを用意すればいいだけです。

書店では、「1冊で全範囲を網羅している」とする行政書士試験対策用のテキストがありますが、これだけで済まそうとするのはあまりおすすめできません。

そもそも1冊で「法令等」から「基礎知識」までを網羅することは不可能であり、結局、後で別の参考書やテキストを購入せざるを得なくなるためです。

独学の場合、通信講座のように内容に関する質問もできないため、疑問点はテキストで解決することになります。したがって、テキストがいわゆる辞書の役割も果たさなければならないので、学習の当初から「十分な記述」がなされた科目別のテキストを購入したほうが無駄がありません。

「十分な記述」がなされているかどうかは、どんな国家試験でも定番とされている科目別のテキストがありますので、それを指標にしてください。

定評のあるテキストは、たいていの場合、他のテキストと比べて明らかに多く、書店の棚に用意されています。ネットで検索すれば、定評のある基本書名はすぐに判明します。

例を挙げると、憲法であれば『憲法』（芦部信喜著、高橋和之補訂。岩波書店）、行政法であれば『行政法』（櫻井敬子・橋本博之著。弘文堂）などです。

『民法』については非常に分量が多いため、概説書として、『リーガルベイシス 民法入門』（道垣内弘人著、日本経済新聞出版社）、分冊テキストとしては、『民法Ⅰ～Ⅴ』（有斐閣Sシリーズ）などを選択すべきでしょう。

なお、法律の学習に、「六法」は必須のツールです。特に記述式試験では、重要条文におけるるキーワード（法律用語）を書かせるものがほとんどですので、条文の確認作業は欠かすことができません。記述式が出題される民法及び行政法の条文が登載された六法を、必ず用意してください。

### （2）基礎知識の対策テキストを選定する

基礎知識は前述したように、①「一般知識」、②「情報通信・個人情報保護」、③「文章理解」、④「行政書士法等行政書士業務と密接に関連する諸法令」の4つに分野が分かれています。

①については、大学の受験科目である「政治経済」と非常に似通った出題がなされることが多いです。そこで、大学受験用の「政治経済」の参考書を1冊購入し、最初に過去問題集などで最近の出題傾向を確認した上で、頻出分野について当該参考書を読んでいくことをおすすめします。

②については、定評のあるテキストはありません。最初に過去問題集などで問題の傾向を確認し、ネットで検索して、個々の法令等の概要を確認する手法がよいでしょう。

③については、公務員試験の受験科目である「文章理解」に似通った出題がなされます。そこで、この分野の問題を解答したことがない方は、公務員試験対策用の「文章理解」の参考書を一読することをおすすめします。

この分野の問題の解答をしたことがある方は、この分野の公務員試験の過去問題集が刊行されているので、数多くの問題にあたって慣れておくことが試験対策として有効です。

④については、行政書士試験対策用のテキストを参照するのが早道です。その際には、テキストで取り扱っている法律はごく一部ですので、テキストを一読後、その法律の条文を参照して全体像を確認することをお勧めします。

### (3) 過去問題集と予想問題集

試験に合格するための情報を一通りインプットした後は、過去に出題された本試験問題を集めた「過去問題集」を購入し、実際の出題のレベルや、出題傾向を確認することになります。

科目によっては、過去問題に類似した問題が出題されるケースも多いので、過去問題の検討は必須です。

過去問題集は、年度別と科目ごとに編集されたものの2種類がありますが、出題内容の分析や科目別に学習することを考えると、科目ごとに編集されたものを購入するのがよいでしょう。

予想問題集も刊行されていますが、こちらは、過去問題を完全に検討し、理解した後に購入すればよく、最初から購入しておく必要はありません。

なお、刊行されている予想問題のなかには、本試験レベルとは異なるレベルの出題をしているものもあるため、市販されているから一概によいとは判断できません。

過去問題をしっかり検討した後に、書店で予想問題集の問題を1~2問参照してみてください。本試験問題のレベルと違いがないかを確認できたら購入するとよいでしょう。

第5章

# 順番が大事！ 非常識勉強法

# 1

## 合格のカギは、「行政法」と「民法」

合格の鉄則

重点学習すべき科目と、それ以外を見極める

### ◎2科目で、ほぼ合格に必要な点がとれる

繰り返しますが、行政書士試験の合格ラインは、300点満点中の180点（60％）です。このうち「基礎知識」は出題範囲が非常に広いので、あまり高得点は望めません。そこで、全体の採点をしてもらえる最低ラインを56点中24点（40％）とることと仮定して、残りの156点を「法令等」でどう稼ぐかを考えます。

左の表を見てください。これを見ると、①行政法と②民法だけで、156点を上回る188点を稼ぐことが可能なことがわかります。

逆に③憲法、④商法、⑤基礎法学の配点は非常に少なく、合否に大きな影響を与えないこともわかります。

「非常識」かもしれませんが、行政書士試験合格のためにもっとも効率的な学習をすると考え

## 「法令等」の科目と出題数

| 科　目 | 択一式出題数 | 多肢選択式出題数 | 記述式出題数 | 配点計 | 累　計 |
|---|---|---|---|---|---|
| ①行政法 | 19問 | 2問 | 1問 | 112点 | 112点 |
| ②民　法 | 9問 | 0問 | 2問 | 76点 | 188点 |
| ③憲　法 | 5問 | 1問 | 0問 | 28点 | 216点 |
| ④商　法 | 5問 | 0問 | 0問 | 20点 | 236点 |
| ⑤基礎法学 | 2問 | 0問 | 0問 | 8点 | 244点 |
| 合　計 | 40問 | 3問 | 3問 | 244点 | |

るのであれば、「法令等」の憲法・商法・基礎法学の学習はほどほどにしておき、行政法と民法の学習を徹底的にやれば、それで合格できるということなのです。

### ◎「ほどほど科目」の学習のさじ加減

行政法と民法の学習は徹底的に行い、その他の「法令等」の科目はほどほどに学習する、という話をしました。

しかし、ほどほどに学習すると言われても、そのさじ加減は難しいものです。

そこで、どんな順番でほどほどに学習すべきかについて、ご案内しましょう。

「法令等」の科目は、全部で5つあります。これを大きく分類してみると、個人と個人との関係を規律した法律の集まりである

「私法」と、国家と国民との関係を規律した法律の集まりである「公法」に分かれ、それぞれ左ページの図のように科目が分かれています。

「基礎法学」は、公法と私法に共通する法律のルールです。

2問しか出題されませんので、法律の学習をはじめてする方以外は、あえてテキストなどを購入して学習する必要はありません（基礎法学は、ほどほどに学習）。本書の第6章で詳述する出題傾向と対策を確認して、過去問題にあたるだけで十分でしょう。

次に「公法」です。①の憲法は、わが国の最高法規で非常に重要なものですが、行政書士試験対策としてはそれほどの重要科目ではありません。

行政法を学習する際の基礎知識となる部分がありますので、行政法の学習をする前に学習をせざるを得ないのはたしかですが、あくまでも行政法の学習への橋渡しだと考えましょう。

そのため、あまり深く学習をする必要はなく、行政法に関連したテキストの記述を、集中的に一読する程度で十分でしょう（憲法もほどほどに学習）。

「憲法」を分類してみると、「憲法総論」「基本的人権」「統治機構」に分かれます。

## 私法と公法

| | | |
|---|---|---|
| **公法** | ①憲法、②行政法 | 両方に共通のもの<br>「基礎法学」 |
| **私法** | ①民法、②商法（会社法） | |

このうちの「統治機構」は、さらに「国会（立法）」「内閣（行政）」「裁判所（司法）」「財政」「地方自治」に分けられます。行政書士試験の行政法に直接関連するのは、「内閣（行政）」「裁判所（司法）」「地方自治」の3つです。

この3分野は行政法の学習の基礎となる部分なので、しっかりと確認し、それ以外の部分は、概要を確認しておけばそれで十分なのです。

そして、「私法」です。

「民法」は個人と個人との関係を規律した基本的な法律（一般法）であり、「商法（会社法）」は個人のなかでも、ビジネスとして一定の行為をした場合の規律を特別に定めたものです（特別法）。

非常識な行政書士試験対策としては、民法をしっかり学習すればよいので、何も特別法である商法（会社法）まで手をつける必要はないことになります。したがって、商法（会社法）については、無理をせずに学習そのものをあきらめてもよいかと思います。

## ◎日常生活のなかで、行政法と民法に親しもう

以上により、「法令等」の学習の範囲は、かなりの絞り込みをすることが可能となります。しかし、絞り込むということは、民法と行政法については絶対に手を抜けないことを意味し、この2科目は決して不得意科目にはできないことになります。

そのためには、常日頃から民法と行政法という法律を意識することが大事です。

例えば、ニュースの一コマのなかでこれらの法律に関連した事件が発生したときには、その解説に熱心に耳を傾けるとか、仕事や私用で役所に行ったときに、役所の窓口においてあるリーフレットに目を通してみるなど、生活のなかでのちょっとした出来事を関連づけることで、よりこれらの法律を身近に感じ、興味を持ちやすくなります。

興味が湧けば、より深くこれらの科目を知りたくなるため、不得意科目になりにくくなるでしょう。

# 2

# 「基礎知識」は落ちない程度で十分

合格の鉄則

## 4割取ればOK、高得点を期待すると失敗する

### ◎まともに勉強していたら時間が足りない！

前に述べたように、「基礎知識」は出題範囲が非常に広いので、あまり高得点は望めません。最低ライン24点（40％）をとると仮定し、その分、法令等の学習に時間を充てる旨の説明をしてきました。

それでは、「基礎知識」で最低限の24点（6問正解）を、どう得点するのかについて考えてみましょう。

令和6年度試験での出題数は、次ページの図のようになっています。

まず、確実なところで「文章理解」が3問あります。覚える科目と違って、その場で考えなければならないというリスクがありますが、解答のパターンは決まっていますので、時間を十分にとって解答をすれば、必ず正解を得ることができます。

## 基礎知識の問題数

| 年　　度 | 一般知識 | 情報通信・個人情報保護 | 諸法令 | 文章理解 |
|---|---|---|---|---|
| 令和６年度 | 5問 | 4問 | 2問 | 3問 |

次に、「情報通信・個人情報保護」が4問です。

このなかの個人情報保護の分野では、「個人情報保護法」が1問以上出題されます。

これについては、過去問題で出題傾向を確認し、テキスト・条文等にあたれば容易に得点することが可能です。

次に、情報通信の分野では、主にインターネットに関連する用語や情報通信に関する法律が出題されます。インターネット用語は、普段からコンピュータを使用していれば、理解できる内容がほとんどです。特に専門的な技術的知識は必要ありませんので、過去問題を検討し、ネットで用語検索などをして、インターネット関連のボキャブラリーを増やしておけば相当の確率で得点することが可能です。

情報通信に関する法律は、主だったものはすでに何らかの形で過去の試験に出題されていますので、先に過去問題を検討し、ここで出題されている法令の概要を確認すればよいでしょう。

最後に、「行政書士業務と密接に関連する諸法令」ですが、行政書士法、戸籍法及び住民基本台帳法の3法を学習しておけば、令和6年度試験の傾向を見る限り、最低2問は正解することができます。

以上により、最低ラインの4割をクリアすることは十分に可能かと思います。

# 3

# 過去問題の学習は合格の最低条件

合格の鉄則

**手を替え品を替え、過去問題に似たものが出題される傾向がある**

### ◎学習の順番を間違えるな！

今まで見てきたように、過去問題の出題分析は、行政書士試験対策に欠かせません。科目によっても異なりますが、例えば行政法の分野では、過去問題に似たようなものが手を替え品を替え、出題されているのが実態です。

ですから、過去問題は合格レベルにある受験生であれば、必ず検討しています。つまり、過去問題の類似範囲から出題された場合は、絶対に落とせないのです。

まさに過去問題の理解が合格への第一歩であり、これをマスターした後に、予想問題などにチャレンジすべきです。

よく、過去問題を軽視して、別の国家試験の過去問題や市販の予想問題ばかりを解答している人を見かけますが、これは学習の順番が逆です。

一言で過去問題といっても、1年分で60問になりますので、それを現在の試験制度がスタートした平成18年度の試験から検討しはじめると、1000問を超える範囲となります。最低条件をクリアするだけでも大変ですから、この点も踏まえて学習計画を立てましょう。

## ◎解くだけでは意味がない。とことん活用する

次に、過去問題をどのように検討すべきかについて、簡単に説明します。

以下に、具体的な問題を掲載しました。まだ問題自体はわからなくても結構ですので、形式を確認していきましょう。

[平成21年度　問題12]
行政手続法1条が定める同法の目的に関する次の記述のうち、正しいものはどれか。

1　行政手続法は、政府の諸活動について国民に説明する責務が全うされるようにすることを主な目的とする。

2　行政手続法は、行政運営における公正の確保と透明性の向上を図り、もって国民の権利利益の保護に資することを目的とする。

3　行政手続法は、簡易迅速な手続による国民の権利利益の救済を図るとともに、行政の適

正な運営を確保することを目的とする。

4　行政手続法は、国民の的確な理解と批判の下にある公正で民主的な行政の推進に資することを目的とする。

5　行政手続法は、国の行政事務の能率的な遂行のために必要な組織を整えることによって、公務の民主的かつ能率的な運営を保障することを目的とする。

この問題は、行政法の分野で出題される行政手続法に関するものです。

通常、選択肢は5つあり、そのなかで、正しいもの（妥当なもの）、あるいは、誤っているもの（妥当でないもの）を1つ選ぶという形式で出題されます。

本問の場合は、正しいものを選ぶ問題ですから、5つのうち4つの選択肢は誤っている記述ということになります。

本試験では、正しいものを1つ選ぶだけでいいので、正しい肢がわかれば他の肢を検討する必要はありません。

しかし、ここでは過去問題を用いて学習することが目的なので、それだけでは終わりません。

1～5の選択肢が、なぜ誤りなのか、あるいはなぜ正しいのかをすべて検討して、確実に理解する必要があります（ちなみに、この問題の答えは「2」です）。

過去問題の学習は、本問のような5肢択一式の問題を全体として1問と考えるのではなく、5つの一問一答式の問題であると考えて検討にあたるようにしましょう。

念のためお伝えしておくと、本問の肢1は「情報公開法」、肢3は「行政不服審査法」、肢4は「情報公開法」、肢5は「国家行政組織法」などの目的となっています（どの法律も、行政書士試験のなかで、主に行政法の出題範囲です）。

# 4

# 「暗記」ではなく、「理解」を徹底する

合格の鉄則

行政書士試験では、暗記で答えを出す問題はほとんどない

## ◎量は膨大、覚えるなんてとても無理

行政書士試験の学習をするにあたって「試験に受かるためには暗記が必要だ」とか、「暗記法をマスターして試験に受かろう」と思っている方が多いようです。

しかし、合格するためには、暗記は原則として不要です。

たとえ暗記をしようと思っても、その膨大な量に気づき、途中であきらめてしまうでしょう。

国家試験のなかには、「数字」ばかりが出題され、その数字を覚えるために「語呂合わせ」を考えたりして、暗記に頼らざるを得ないものもあります。しかし、行政書士試験では、このような暗記に頼らなければ答えが出せない問題は皆無に近いと考えてください。

行政書士の試験でどんなことが問われているかというと、「各制度をどれだけ理解しているのか」であると筆者は考えます。

理解とは、「各制度が制定された背景」や「なぜ法律として定めてまで規制をする必要があるか」といったことを、どれだけ自分のものにして自分の言葉で説明できるかということです。

### ◎「どんな理論が成り立つか」を考える

一例を挙げて、ご説明しましょう。以下は、意思表示の第三者に対する効果についての内容です。

①心裡留保による無効は、善意の第三者に対抗することができない（93条2項）。
②虚偽表示による無効は、善意の第三者に対抗することができない（94条2項）。
③錯誤による取消しは、善意・無過失の第三者に対抗することができない（95条4項）。
④詐欺による取消しは、善意・無過失の第三者に対抗することができない（96条3項）。
⑤強迫による取消しは、善意・無過失の第三者に対抗することができる（96条3項反対解釈）。

上記のように意思表示の効果（無効・取消し）とその効果を第三者に対抗（主張という意味です）することができるかどうかは、意思表示の種類によって異なりますが、これを丸暗記するのは大変です。

そこで、なぜこのように第三者に対して対抗することができるかどうかに違いが生じるのかについて、少し考えてみましょう。

**・意思表示の仕組み**

意思表示の仕組みは、簡単にいえば「内心的効果意思」と「表示行為」の2つから構成されます。「内心的効果意思」は「この時計を買おう」というように心の中で考えていることであり、通常、外からはわかりません。一方、「表示行為」は「この時計を売ってください」と外部に表示する行為です。

**・意思表示の効果**

まず、意思表示の効果として、「無効」と「取消し」に分かれますが、「無効」とされているものは、「表示行為」に対応する「内心的効果意思」が存在しないから「無効」にするという考え方です。

例えば、時計を買う意思がないのに、冗談で「この時計を売ってください。」と言うような場合（心裡留保）や債権者から強制執行を免れるために、自己の所有する不動産について、知人と示し合わせて架空の売買契約を締結する場合（虚偽表示）です。

心裡留保も虚偽表示も「表示行為」に対応する「内心的効果意思」が存在しないから「意思の欠缺《けんけつ》（意思の不存在）」といわれます。この場合、「表示行為」に対応する「内心的効果意思」が存在しないから、はじめからなかったことにしようというのが「無効」です。

次に、詐欺と強迫ですが、詐欺と強迫は、欺されて意思表示をする、脅されて意思表示をするという違いはありますが、どちらも「表示行為」に対応する「内心的効果意思」は存在します。ただ、意思表示の形成過程で瑕疵《かし》（キズ）があるため、「瑕疵ある意思表示」といわれます。この場合、「表示行為」に対応する「内心的効果意思」は存在するので一応有効とされますが、意思表示をした者（表意者）の意思に委ね、取り消すことができるとしています（取消し）。

最後に、錯誤ですが、錯誤は、「意思の欠缺（意思の不存在）」と「瑕疵ある意思表示」という類型でみると、伝統的に、「意思の欠缺（意思の不存在）」に分類されています。

例えば、建築制限がない土地であると思い違いをして、「この土地を売ってください。」と意思表示をし、真意は、「建築制限がない土地を購入したい。」であり、真意と表示が食い違い、意思表示をした者（表意者）がその不一致に気づいていないような場合です。

錯誤は、心裡留保や虚偽表示と同様に、これまで「意思の欠缺（意思の不存在）」の一類型として「無効」として扱われてきましたが、令和2年施行の改正民法により、「無効」から「取消し」に変更されました。その理由の一つに、詐欺と錯誤は、欺されて思い違いをするというように、重なり合う場合が多く、従来から取消しに近い無効と考えられてきたことが挙げられます。

**・対第三者効**

効果を第三者に対抗（主張という意味です）することができるかどうかについてみてみると、心裡留保と虚偽表示が「善意（知らないこと）の第三者に対抗することができない。」のに対し、錯誤、詐欺、強迫は、「善意・無過失（過ち度がないこと）の第三者に対抗することができない。」となっています。

民法では、利益が対立するような関係では、どちらの利益をより優先させるべきかという「利益衡量《りえきこうりょう》」（利益を天秤にかける）という考え方がとられます。

心裡留保や虚偽表示では、意思表示をした者（表意者）に落ち度があるため、それを知らないで取引関係に入った第三者（善意の第三者）の方を保護しようという考えがとられるため、「善意の第三者に対抗することができない。」とされています。

一方、錯誤、詐欺の場合は、心裡留保や虚偽表示より、意思表示をした者（表意者）の利益も考慮されるべきとの考えにより、第三者が保護されるためには、善意だけでなく、無過失も必要であるとして、「善意・無過失の第三者に対抗することができない。」とされています。なお、強迫だけは、意思表示をした者（表意者）に何の落ち度もないため、善意・無過失の第三者にも対抗することができます。

### ・こじつけ学習法

ここまでは、意思表示を例に、なぜ意思表示の効果や対第三者効が違うのかについて、正攻法で述べてきました。

民法の学習では、条文を第一に、立法趣旨や制度趣旨を考えることが重要ですが、民法の量は膨大ですから短期合格ということを考えると、効率的ではありません。

そこで、「こじつけ学習法」です。これは、結論だけを覚えるのではなく、「○○だから、○○である。」というように、「自分が納得できる理由付け」をして、覚える方法です。このような学習方法は、法律的思考を身に付けるうえでとても重要です。もちろん、理由付けが正しいに越したことはありませんが、仮に、正しい理由付けでなくても、自分さえ納得できれば知識の定着度が上がるのです。

「でたらめ言うな」（非常識）とお叱りを受けそうですが、二度目の学習の時は、「あの時は、こんな風に考えたんだったな。」という記憶が蘇って来るのです。

大事なことは、自分が納得して、本試験で知識を使える状態にしておくということです。

# 5 遠回りのようで近道。六法の参照

合格の鉄則

**こまめな手間が、試験では大きな差となって現れる**

**◎短期合格のコツ！　記述式対策にもなる**

「法令等」のテキストを読み進めていると、たいてい、その説明の最後に参照条文の記載があります。過去問題などでは、解説文に目を通すと参照条文の記載があります。

というのも、「法令等」の出題のほとんどは、法律の「条文」から出題されるためです。実際の試験では、問題に条文を照らし合わせ、問題と条文との齟齬がないかを判断することになります。

そこでおすすめしたいのが、テキストを読んだり、過去問題を解くときなどに、こまめに六法を用いて条文を参照することです。

具体例で説明してみましょう。

［平成25年度　問題12］
行政手続法が規定する申請に対する処分に関する次の記述のうち、誤っているものはどれか。
1　行政庁は、申請がその事務所に到達したときは、遅滞なく当該申請の審査を開始しなければならない。
2～5（省略）

これは、行政法の分野となる行政手続法の過去問題で、その選択肢の1つだけを示しました。過去問題集では、通常この選択肢について、次のような解説文を掲載しています。

1　正しい。行政庁は、申請がその事務所に到達したときは遅滞なく当該申請の審査を開始しなければならない（行政手続法7条）。
2～5（省略）

解説を見ると、選択肢1は、行政手続法7条の条文に合致しているので、正しいんだな、ということがわかります。大事なのは、これで学習を終わらせてはいけないということです。

この条文は7条とあるけど、どういうものなんだろう。また、その前後の条文はどんな規定があるのだろう。このような好奇心を持って、六法の条文にあたりましょう。そうすると、六法には次のような条文の記述があります。

（申請に対する審査、応答）
第７条　行政庁は、申請がその事務所に到達したときは遅滞なく当該申請の審査を開始しなければならず、かつ、申請書の記載事項に不備がないこと、申請書に必要な書類が添付されていること、申請をすることができる期間内にされたものであることその他の法令に定められた申請の形式上の要件に適合しない申請については、速やかに、申請をした者（以下「申請者」という。）に対し相当の期間を定めて当該申請の補正を求め、又は当該申請により求められた許認可等を拒否しなければならない。

この条文の「かつ」までの部分が、本問で問われた部分の記述です。そして、「かつ」以降の部分で、形式上の要件に適合しない申請については、速やかに、申請者に対し相当の期間を定めて当該申請の補正を求めるか又は当該申請により求められた許認可等を拒否しなければならない旨の規定があります。

「形式上の要件に適合しない申請については、補正を求める他に、拒否もできるんだな」という知識を確認することができるわけです。

さらに、この7条の前後の条文はどうなっているのかなど、学習範囲を広げることにより、7条という条文を通じて、他の条文の理解やその法律の体系を理解することもできます。

この作業は記述式対策にも繋がります。実際に、この7条については、過去に次のような出題がなされました。

［平成19年度　問題44］
Xは、A県内においてパチンコ屋の営業を計画し、A県公安委員会に風俗営業適正化法に基づく許可を申請した。しかし、この申請書には、内閣府令に定める必要な記載事項の一部が記載されていなかった。この場合、行政手続法7条によれば、A県公安委員会には、その申請への対応として、どのような選択が認められているか。40字程度で記述しなさい。

本問を要約すると、「Xは営業の許可を申請したが、申請書の記載事項に不備があったために、Aは行政手続法上その申請に対する一定の対応をする」、になります。

この問題について、日頃から六法を参照しておけば、行政手続法の「申請」に関連する条文にはどのようなものがあり、そのなかのどの条文に該当するかがすぐにわかるため、解答がスムーズにできるようになります。例えば、解答例としては次のようになります。

「速やかに、相当の期間を定めて補正を求め、又は申請された許可を拒否しなければならない。」（42字）

一見して、手間がかかりそうで大変だと思うかもしれませんが、日頃から繰り返し六法を参照していると、自ずと法律の体系や個々の条文が頭のなかに残るものです。

また、今回は択一式の正しい選択肢をモチーフに解説をしましたが、誤った選択肢を検討すると、どのような部分に落とし穴が作られるのかがわかります。まさにその部分が記述式でも問われるのです。

このように、六法でこまめに条文を参照することは、記述式対策にも役立ち、結局のところ短期合格にも繋がることになります。

# 6

# 配点が高い！「記述式」の対策とは

合格の鉄則

「択一式」と「記述式」は一体として学習するのが効率的

## ◎出題は「学問上重要なこと」のみ

記述式は、例年3問の出題があります。

この内訳は、行政法1問、民法2問となっており、配点は1問20点です。択一式が1問4点であることからすると非常に大きな配点であり、確実に点をとりたい問題です。

とはいえ、この行政法と民法の「択一式対策」と「記述式対策」を別のものと考えて、別途記述式対策を時間を設けて行う必要があるかと言えば、必ずしもそうとは言えません。

学習の当初はひとまず不要と考え、まずは択一式・記述式を一体として学習すべきでしょう。

そもそも、行政法と民法は、択一式でもそれぞれ19問と9問が出題されますので、当然重点的に学習しなければならない科目です。

そして、過去問題の出題内容を分析すると、配点が高い記述式で問われる内容は、行政法及び民法において学問上非常に重要な事項ばかりであり、重箱の隅をつつくような出題がなされることはありません（これは択一式の出題傾向でも同じことが言えます）。

したがって、

**・択一式で頻出事項であるにもかかわらず、記述式でまだ出題されていないもの**

**・記述式で出題されているのにもかかわらず、択一式でまだ出題されていないもの**

は、今後出題される可能性が非常に高いことになります（といっても、記述式の出題数は少ないので、圧倒的に択一式の出題傾向が記述式の出題傾向に反映されることになりますが）。

だから、まずは「記述式」と「択一式」に関係なく、必要な知識を確実に吸収することが大事なのです。

## ◎択一式と記述式で、問題内容には差がない

次の出題例を見てみましょう。

これは平成26年度の行政法の記述式の問題で、はじめて「地方自治法」から出題されました。

地方自治法からは、例年択一式が3～5問程度出題され、行政法の択一式におけるウェート

は非常に高いものでしたが、平成26年度まで記述式の出題は一度もなかったのです。

［平成26年度　問題44］
A市は、同市内に市民会館を設置しているが、その運営は民間事業者である株式会社Bに委ねられており、利用者の申請に対する利用の許可なども、Bによってなされている。住民の福利を増進するためその利用に供するために設置される市民会館などを地方自治法は何と呼び、また、その設置などに関する事項は、特別の定めがなければ、どの機関によりどのような形式で決定されるか。さらに、同法によれば、その運営に当たるBのような団体は、何と呼ばれるか。40字程度で記述しなさい。

解答例としては、次のようになります。

「公の施設と呼び、議会の制定する条例で決定され、Bのような団体は、指定管理者と呼ばれる。」（43字）

では、例年択一式が3問～4問出題される地方自治法のなかで、この「公の施設」はどの程度の頻度で出題されていたのでしょうか（「公の施設」とは、住民のために、地方公共団体が設置する市民会館や体育館などの施設のことです）。

平成24年度試験からの、地方自治法の出題内容を１２０ページの表にまとめてみました。

この表を見ると、地方自治法の出題は、同じ事項が複数回出題されていることがわかります。

そのなかでも「公の施設」は、平成26年度に記述式として出題された後も、平成29年、令和元年、令和３年に出題されています。

このように、択一式の頻出事項が記述式として出題される傾向があるのです。

なお、平成22年度の択一式の選択肢には、このようなものが出題されています。

［平成22年度　問題21］
公の施設に関する次の記述のうち、法令または最高裁判所の判例に照らし、誤っているものはどれか。
1～3　（省略）
4　指定管理者に公の施設を管理させようとする場合、地方公共団体は条例でその旨を定めなければならず、長の規則によってこれを定めることはできない。
5　（省略）

肢4は、指定管理者に公の施設を管理させようとする場合には、議会が制定する条例でその旨を定めなければならず、長が独自に定めることができる規則で定めることはできないとするもので、正しい肢です。

この肢を検討し、六法の条文を参照しておきさえすれば、平成26年度の記述式の解答は容易にできたと思われます。

## 平成26年度試験以降の地方自治法の出題

| 年度 | 主な出題内容 | |
|---|---|---|
| 26年 | ①長<br>③条例 | ②住民・住所・住民訴訟・事務監査請求<br>記述式：公の施設 |
| 27年 | ①住民訴訟<br>③条例・規則 | ②特別区 |
| 28年 | ①条例<br>③財務 | ②地方公共団体の事務 |
| 29年 | ①公の施設<br>③住民監査請求・住民訴訟 | ②議会・議員など |
| 30年 | ①特別区<br>③都道府県の事務 | ②条例と規則 |
| 令和元年 | ①公の施設<br>③議会 | ②監査制度 |
| 令和2年 | ①住民<br>③住民訴訟 | ②事務 |
| 令和3年 | ①公の施設<br>③長と議会 | ②条例・規則・直接請求 |
| 令和4年 | ①条例<br>③都道府県の事務 | ②住民監査請求・住民訴訟 |
| 令和5年 | ①普通地方公共団体<br>③事務の共同処理 | ②直接請求権 |
| 令和6年 | ①普通地方公共団体の事務<br>③条例・規則 | ②住民監査請求・住民訴訟 |

# 7

# 記述式対策の「問題集」の活用法

合格の鉄則

解答例の暗記ではなく、論点とキーワードを押さえる

## ◎記述式対策の問題集は「確認用」

前項では、「当初は」択一式と記述式を一体として学習しましょう、と述べました。

しかし、記述式には「書く」という作業がありますので、民法及び行政法について一通り学習が終了した時点で、この練習は別途しなければなりません。

それでは、この「書く」練習は、どのようにすればいいのでしょうか。


まず注意してほしいのは、「記述式対策の問題集の解答例を暗記する」という、間違った学習をしている人が大勢いることです。

記述式対策の問題集とは、過去問題の分析をもとに、予測される出題論点について、本試験と同じ形式の予想問題を集めて編集したものがほとんどです。

受験者がこのタイプの書籍をどのように活用しているかを観察していると、問題に対する解答例を、何回も書くことで覚えようとしていることが多いのです。

しかし、問題集は掲載している問題数に限りもありますし、問題自体もあくまで「出題予測」ですから、本試験においてまったく同じ内容が問われる確率は非常に低いです。

したがって、解答例を暗記するだけで本試験問題に対応することは、まず無理だと考えてください。

また、すでに説明した通り、暗記しても理解できていなければ応用がききませんので、出題者の問うていることに対応した解答ができないことにもなります。

これらのことから、記述式対策の問題集は、以下に説明する学習をした後の確認用として、活用することをおすすめします。

## ◎いきなり「書く」ことからはじめない

それでは、記述式の全体的な学習の流れとあわせて説明していきましょう。

### (1) 体系の理解

少し時間を前に戻して、「書く」作業の前段階からはじめます。

学習の序盤、「択一式」と「記述式」を一体化して学習する段階では、民法及び行政法の「体系」の理解が不可欠となります。

受講生から、「問題を読んでも何を書いたらよいかわかりません」との質問をよく受けます。これは、その受講生が「民法や行政法のどの部分について問われているのかがわからない」ことを意味します。

「どの部分について」のことを「論点」とも言いますが、この論点を問題から読み取ることができていないのです。

記述式では、例えば「民法の債権の賃貸借契約の条文の知識を問う問題ですよ」などと、わざわざ教えてはくれません。受験者は自分で論点を読み取る必要があります。

民法も行政法も、そのほとんどが「事例」形式で出題されます。この事例が、民法や行政法のどの論点について問われているのか、読み取ることをまず要求しているのです。

ただし、この論点は、無限にあるわけではありません。記述式問題は択一式問題の出題傾向とリンクしていますから、その対策のための民法や行政法のテキストの範囲のなかから出題されます。

したがって、テキストを一読する際には、個々の事項の理解も大事ですが、民法や行政法の体系を常に意識し、自分が今どの部分を学習しているのかを確認しながら、学習を進めること

像できるようになることが理想です。


が記述式対策の第一歩となります。

そして、最終的にはテキストの目次を確認して、どのような論点があるのか、頭のなかで想像できるようになることが理想です。

## (2) 論点ごとのキーワードを書けるようにする

民法及び行政法の体系を意識し、一通り学習が終了したところで、「書く」という作業がはじまります。

この「書く」作業は、解答例を書く作業ではなく、記述式で問われる「キーワード」が書ける程度にする作業です。

「キーワード」とは、民法及び行政法のなかで用いられている専門用語(法律用語)です。

行政書士試験の記述式問題は、語彙力を試すものではなく、法律用語を正確に書くことができるかを問うものです。

テキストを一読する際や過去問題を検討する際に、一般的に用いられない法律用語が出てきた場合、それをマークをしておき、さらにそれを書くことに対して不安がある場合には、「書く」練習をします。

この点について、行政法の行政事件訴訟法を例にとって説明しましょう。

平成18年度に次のような問題が出題されました。

［平成18年度　問題44］
保健所長がした食品衛生法に基づく飲食店の営業許可について、近隣の飲食店営業者が営業上の利益を害されるとして取消訴訟を提起した場合、裁判所は、どのような理由で、どのような判決をすることとなるか。40字程度で記述しなさい。

行政事件訴訟法に規定する訴訟形態のなかの1つに「取消訴訟」というものがあります。この取消訴訟を提起した場合の、裁判所の判決について問う出題です。

ここでの最初の論点は、裁判所が「どのような判決」をするのかを聞いていることです。

テキストを参照してみると、判決の種類としては、次の4つの記述があります。

**①却下判決**　訴訟を提起するための最初の条件を満たしていないので、裁判所が裁判を行わずに、門前払いをすること。

**②棄却判決**　裁判をして、行政（役所）の対応に違法性がないと判断された場合に、原告の申立て内容に理由がないとして、その請求を認めない判決。

③**認容判決**　②と逆に、原告の請求を認める判決。
④**事情判決**　行政（役所）の対応に違法性があると認めるが、諸般の事情により、請求を棄却する判決。

このうちの1つが答えとなります。

このときに、上記の①〜④の判決名は解答になるキーワードですので、書けなければなりません。もし不安があるなら、書く練習をして誤字をなくすようにしましょう（たいがいは、頭のなかで想像できればそのような作業は必要ありませんが）。

本問の場合、「保健所長がした食品衛生法に基づく飲食店の営業許可について、許可を受けた営業者以外の営業者が勝手に自己の営業上の利益が害されるとして、自分とは関係のない営業者の営業の許可を取り消してくれ」という訴訟を提起しています。

このように、自分と直接関係のない営業者の営業の許可の取消しを求めるようなことは、普通に考えても認めるのはおかしいので、裁判を行う必要はないだろうと思うでしょう。

よって、裁判所が上記の①却下判決をすると察しがつきます。

しかし、「普通に考えても認めるのはおかしい」とは書けませんので、行政事件訴訟法上の理由を検討します。

これが、次の論点としての、「どんな理由で」の部分です。

テキストを見てみると、取消訴訟を提起するための最初の条件（訴訟要件と言います）として、行政事件訴訟法では、次のような条件を必要としているとの記述があります。

①処分性（3条2項）
②原告適格（9条1項）
③狭義の訴えの利益
④被告適格（11条）
⑤管轄権を有する裁判所への訴訟提起（12条）
⑥出訴期間内の訴訟提起（14条）
⑦審査請求前置主義など（8条1項但書）
⑧一定の要件を満たした訴状の提出

この中に、②の「原告適格」があります。「原告適格」とは、取消訴訟の提起は資格がある者でなければならないという条件です。

具体的には、営業の許可の取消しを求めるにつき「法律上の利益」を有する者である限り認めるとされており、誰でもいいとは規定していません。

これを本事例にあてはめると、自分と直接関係のない営業者の営業の許可の取消しを求めることは、とても「法律上の利益」を有するとは言えませんので、「原告適格」を有しないことになります。

この「原告適格」「法律上の利益」は解答になるキーワードです。

そこで、これらのキーワードを集めてみると、「法律上の利益」がないため「原告適格」がない。だから、裁判所は「却下判決」をする、という構成になります。

これらを40字程度でまとめると、次のような解答例になります。


「許可の取消しを求めるにつき法律上の利益がなく、原告適格を欠くため、却下判決をする。」

（41字）


実際に解答する場面では、上記の３つのキーワードがちりばめてあり、誤字脱字や句読点の位置などに間違いがなければ、どのような順番で書いても構いません。

いかがでしょうか。ぜひ参考にしてみてください。

# 8

# 複雑？「多肢選択式」の対策とは

合格の鉄則

「択一式」対策としてのテキスト理解だけで十分対応できる

## ◎特別な対策は必要ない

最後に、「多肢選択式」の問題についても触れておきましょう。

多肢選択式とは、複数の語句のなかから空欄に入るべきものを選択する問題で、文章の穴埋め問題でよく見受けられるものです。

この多肢選択式の対策は何か特別に必要かというと、まったく不要です。

この点について、一例を挙げて説明をします。左ページをご覧ください。

本問は、平成26年度に出題された憲法の多肢選択式の問題です。

多肢選択式の出題は、全て、ア～エの４つの空欄に、用意された20の語群から適切な語句を選んで挿入し、問題文の文章を完成させる問題です。

［平成26年度　問題41］

次の文章は、ある最高裁判所判決の一節である。空欄［ア］～［エ］に当てはまる語句を、枠内の選択肢（1～20）から選びなさい。

※右安全保障条約は、その内容において、主権国としてのわが国の平和と安全、ひいてはわが国［ア］に極めて重大な関係を有するものというべきであるが、また、その成立に当っては、時の［イ］は憲法の条章に基き、米国と数次に亘る交渉の末、わが国の重大政策として適式に締結し、その後、それが憲法に適合するか否かの討議をも含めて衆参両院において慎重に審議せられた上、適法妥当なものとして国会の承認を経たものであることも公知の事実である。

ところで、本件安全保障条約は、前述のごとく、主権国としてのわが国の［ア］に極めて重大な関係をもつ［ウ］性を有するものというべきであって、その内容が違憲なりや否やの法的判断は、その条約を締結した［イ］およびこれを承認した国会の［ウ］的ないし［エ］的判断と表裏をなす点がすくなくない。

（昭和34年12月16日刑集13巻13号3225頁）

※日本国とアメリカ合衆国との間の安全保障条約

| | | | | |
|---|---|---|---|---|
| 1 存立の基礎 | 2 国権 | 3 建国の理念 | 4 幸福追求 | 5 自由裁量 |
| 6 憲法体制 | 7 衆議院 | 8 天皇 | 9 内閣総理大臣 | 10 内閣 |
| 11 国家 | 12 権力分立 | 13 合目的 | 14 合法 | 15 高度の政治 |
| 16 要件裁量 | 17 民主 | 18 自由主義 | 19 大所高所 | 20 明白な違憲 |

本問は、判例文の完成の問題ですが、この判例を知らなくても、空欄の前後の関係から空欄に入るべき語句の絞り込みが可能となります。

ここでは、簡単にわかる例として、［イ］を見てみましょう。

安全保障条約を、「時の［イ］は憲法の条章に基き、米国と数次に亘る交渉の末、わが国の重大政策として適式に締結し」ているので、［イ］には、誰が条約を締結するのかの「誰が」の部分が入ります。

そして、選択肢を見てみると、「誰が」に当たるのは、「7　衆議院」「8　天皇」「9　内閣総理大臣」「10　内閣」「11　国家」の5つであり、憲法の条文の知識を用いて条約を締結することは内閣の職務にあたるとされるので（憲法73条3号）、「10　内閣」が入ることになります。

学習をまだはじめていない方向けに、非常にわかりやすい例を挙げましたが、択一式対策としてテキストの内容を理解しておけば、十分に対応できる出題形式であることがおわかりいただけると思います。

第6章

# 出題傾向と対策を押さえる

# 1 「行政法」の全体像を押さえよう

合格の鉄則
出題されやすい分野は、ある程度決まっている

本章では、第2章で解説した行政書士試験の出題科目の内容について詳しく説明することとします。はじめて法律を学ぶ方にとっては難しい内容かもしれませんが、そのイメージだけでもつかんでいただければ十分です。

## ◎「行政法」というカテゴリーの法律はない

行政法は、行政の活動に関するさまざまな法律の集合体であり、行政法という通則的な法律はありません。そこで、説明の便宜上、

- **・行政の組織に関する法律**
- **・行政の活動に関する法律**

## 行政法の出題内容

| 分　　類 | 内　　容 | 具 体 例 |
| --- | --- | --- |
| 行政の組織に関する法律 | 行政が活動する際の組織に関する法律などの集まり | 地方自治法、内閣府設置法、国家行政組織法、国家公務員法、地方公務員法　など |
| 行政の活動に関する法律 | 行政の活動そのものを規律する法律などの集まり | 行政手続法　など |
| 行政の活動により不利益を受けた国民を救済する法律 | 違法又は不当な行政の活動により不利益を受けた国民を救済するための法律 | 行政不服審査法、行政事件訴訟法、国家賠償法　など |

## 行政法の「択一式」の出題

| 分　　類 | 出 題 項 目 | 出題数 |
| --- | --- | --- |
| 行政の組織に関する法律 | ①地方自治法<br>②内閣府設置法、国家行政組織法<br>③国家公務員法、地方公務員法<br>④学説 | 3～4問<br>1問<br>1問<br>1問 |
| 行政の活動に関する法律 | ①行政手続法<br>②学説 | 3問<br>2～3問 |
| 行政の活動により不利益を受けた国民を救済する法律 | ①行政不服審査法<br>②行政事件訴訟法<br>③国家賠償法・損失補償 | 3問<br>3問<br>2問 |

・**行政の活動により不利益を受けた国民を救済する法律**

の3つの分野に分けられる旨の説明をしました。

そして、例年の択一式の出題は、135ページの下の図のようになります。

このうち、地方自治法、行政手続法、行政不服審査法、行政事件訴訟法、国家賠償法については、例年の出題数にあまり変化はありませんが、その他の分野は、出題されない年もあります。

以下、この3つの分野について、順番に出題傾向の解説をしていきます。

# 2

# 〔行政法〕行政の組織に関する法律

合格の鉄則

**行政組織の成り立ちを定めている。中心になるのは地方自治法**

## ◎地方自治法

ここでは、「行政の組織に関する法律」について説明していきましょう。

まずは地方自治法です。ここからは、3～4問が出題されます。

地方自治法は、憲法に規定する地方自治の本旨（住民自治と団体自治）に基づいて、地方公共団体の区分、地方公共団体の組織及び運営に関する事項、さらには、国と地方公共団体との関係などについて規定する法律です。

条文は300条以上あるため、1つひとつ細かく検討していくと膨大な学習時間が必要となります。したがって、過去出題された事項を中心に内容を確認することが大事です。

ここで、平成18年度試験から令和6年度試験までの出題数の多い順に、地方自治法の出題内容と出題回数をまとめてみました。

【出題内容／回数】

| | |
|---|---|
| ❶住民監査請求・住民訴訟 | 13回 |
| ❷条例 | 11回 |
| ❸公の施設 | 6回 |
| ❹直接請求権 | 7回 |
| ❺地方公共団体の種類 | 6回 |
| ❻住民・住所 | 3回 |

まずはテキスト等で右記の複数回出題されている事項を中心に確認し、過去問題を検討することが大切です。

ここでは、「住民監査請求・住民訴訟」と「直接請求権」を見ておきましょう。

**❶住民監査請求・住民訴訟**

「住民監査請求・住民訴訟」は最頻出事項です。

「住民監査請求」とは、地方公共団体の住民が税金を納税しているという立場から、地方公共団体の長や職員が違法・不当な公金の支出をしたか、しそうなとき（または違法・不当に支出を怠った場合）は、監査委員に対して監査を求め、当該行為を防止し、当該行為によって当該普通地方公共団体の被った損害を補填するために、必要な措置を講ずべきことを請求できるという制度です。

そして、地方公共団体が適切な対応をしない場合には、住民監査請求をした住民に限り、その違法性について住民訴訟を裁判所に提起できます。

過去の出題例を見てみましょう。

〔平成18年度　問題24〕

地方自治法に定める住民監査請求および住民訴訟に関する次の記述のうち、正しいものはどれか。

1　住民監査請求の監査の結果もしくは勧告が出されるまでは、住民訴訟を提起することは許されない。

2　住民監査請求を提起できるのは、当該普通地方公共団体の住民のうち選挙権を有する者に限られる。

3　（省略）

4　住民訴訟においては、執行機関または職員に対する行為の差止めの請求をなすことは認められない。

5　住民監査請求は地方公共団体の不当な公金支出行為についても請求することができるが、住民訴訟は不当な公金支出行為については提起することができない。

肢1については、住民訴訟は、住民監査請求を行った住民に限り提起できるのが原則です。しかし、住民監査請求をしても、監査の結果が出るまでずっと待たなければ住民訴訟を提起できないというのはおかしな話です。そこで地方自治法では、監査委員が請求をした日から一定期間が経過しても監査又は勧告を行わない場合にも、住民訴訟の提起が可能であると規定しています。したがって、本肢は誤りとなります。

肢2については、住民監査請求を提起できるのは、税金を納めている住民です。したがって、会社や外国人も税金を納めているのであれば、請求が可能です。「選挙権を有する者」に限定されるわけではないので、本肢は誤りとなります。

肢4についても、住民監査請求は違法・不当な支出が許せないから行うわけですから、執行機関（長や行政委員会）又は職員に対する行為の全部又は一部の差止めの請求も可能であると規定されています。したがって、本肢は誤りとなります。

肢5について、裁判所は、職員等の行為が法律に照らして「違法」かどうか判断をすること

## 直接請求権

| | |
|---|---|
| **①条例の制定改廃請求**<br>**②事務の監査請求** | ①は地方公共団体の長に対して、②は監査委員に対して、選挙権を有する者の50分の1以上の署名で請求可 |
| **③議会の解散請求**<br>**④議員の解職請求**<br>**⑤長の解職請求**<br>**⑥主要公務員の解職請求** | ③〜⑤は選挙管理委員会に対して、⑥は地方公共団体の長に対して、原則として、選挙権を有する者の3分の1以上の署名で請求可 |

ができます。しかし、例えば「筋が通らない」などの「不当」な行為については、法律に照らして裁判所が判断をすることができません。したがって、「不当」な公金支出行為については、裁判所に住民訴訟を提起できません。

したがって、本問の答えは「5」となります。

### ❹直接請求権

次に、「直接請求権」です。

直接請求権とは、選挙権を有する者が、一定数以上の他の選挙権を有する者の賛同を得て、上表のような請求をできる、という権利です。

住民監査請求権が、「税金を納めている者」という立場で認められるのに対して、直接請求権は「地方公共団体の政治に参加する」という観点から認められる権利です。

以上を踏まえて、次の過去問題を検討してみます。

［平成26年度　問題22］

A市在住の日本国籍を有する住民X（40歳）とB市在住の日本国籍を有しない住民Y（40歳）に関する次の記述のうち、地方自治法の規定に照らし、正しいものはどれか。

1　Xは、A市でもB市でも、住民訴訟を提起する資格がある。
2　Yは、A市でもB市でも、住民訴訟を提起する資格がない。
3　Xは、A市でもB市でも、事務監査請求をする資格がある。
4　Yは、A市では事務監査請求をする資格はないが、B市ではその資格がある。
5　（省略）

住民訴訟と直接請求権の中の事務監査請求との比較問題です。両制度の比較問題は頻出です。

肢1について、住民訴訟の提起は、当該普通地方公共団体の住民（国籍は関係ない）でなければなりません。本肢のXは、A市の住民であり、B市では住民訴訟を提起する資格はありません。したがって、本肢は誤りです。

肢2については、肢1の解説の通り、本肢のYはA市の住民ではありませんので、A市では住民訴訟を提起する資格はありません。しかし、YはB市の住民であり、B市では（住民監査請求をすることを前提として）住民訴訟を提起する資格があります。したがって、本肢は誤りです。

肢3について、事務監査請求が認められるためには、その請求をする住民の属する普通地方公共団体の事務でなければなりません。本肢のXは、A市の住民であり、B市では事務監査請求をする資格はないため、誤りとなります。

肢4について、事務監査請求は住民訴訟の場合と異なり、日本国民でありかつ当該普通地方公共団体の住民でなければなりません。本肢のYは日本国籍を有しないため、A市でもB市でも事務監査請求をする資格がありません。以上により、1～4はすべて誤りということです。

地方自治法の出題は、条文からのものが圧倒的ですので、出題傾向を参考にして、頻出条文を確認するようにしましょう。

## ◎内閣府設置法、国家行政組織法

内閣府設置法と国家行政組織法のどちらかから、1問出題されます。両法とも、国の行政組織について規定したものです。

このうち、内閣府設置法は内閣府の組織について、国家行政組織法は内閣府以外の組織について規定しています。内閣府設置法は、「内閣府」の組織（内閣総理大臣、副大臣など）の他に、次の組織についても規定しています。

●委員会……国家公安委員会、公正取引委員会、個人情報保護委員会、カジノ管理委員会
●庁…………金融庁、消費者庁、こども家庭庁

委員会と庁は、外局と呼ばれ、内閣府の内部分局に対する意味として用いられています。

一方、国家行政組織法では、省の組織（大臣、副大臣、事務次官など）及び外局の組織について定めています。

以上を踏まえて、出題例を見てみましょう。

〔平成21年度　問題26〕
国の行政組織に関する次の記述のうち、正しいものはどれか。

1　国家行政組織法は、内閣府を含む内閣の統轄の下における行政機関の組織の基準を定める法律である。
2　内閣府は、内閣に置かれる行政機関であって、その長は内閣総理大臣である。
3　省には外局として、委員会及び庁が置かれるが、内閣府にはそのような外局は置かれない。
4　各省および内閣府には、必置の機関として事務次官を置くほか、内閣が必要と認めるときは、閣議決定により副大臣を置くことができる。
5　（省略）

## 省の組織及び外局の組織

| 省 | 委員会 | 庁 |
| --- | --- | --- |
| 総務省 | 公害等調整委員会 | 消防庁 |
| 法務省 | 公安審査委員会 | 出入国在留管理庁、公安調査庁 |
| 外務省 | | |
| 財務省 | | 国税庁 |
| 文部科学省 | | 文化庁、スポーツ庁 |
| 厚生労働省 | 中央労働委員会 | |
| 農林水産省 | | 林野庁、水産庁 |
| 経済産業省 | | 資源エネルギー庁、特許庁、中小企業庁 |
| 国土交通省 | 運輸安全委員会 | 気象庁、海上保安庁、観光庁 |
| 環境省 | 原子力規制委員会 | |
| 防衛省 | | 防衛装備庁 |

肢1について、国家行政組織法では内閣府の組織について定めていないので、誤りの肢になります。

肢2について、内閣府は内閣に置かれ、その長は内閣総理大臣なので、本肢は正しいことになります。

肢3について、内閣府の外局として、公正取引委員会などを置いているので「外局は置かれない」とする本肢は誤りとなります。

肢4について、副大臣を設置する旨の規定が、内閣府設置法にも国家行政組織法にもあり、閣議決定で任意に置く・置かないと決めることはできないため、本肢は誤りとなります。

## ◎国家公務員法、地方公務員法

主に国家公務員法から、1問出題されます。

国家公務員法と地方公務員法は、国家公務員・地方公務員が職務遂行をする際の決まりについて定めているものです。両公務員法とも、公務員の職を一般職と特別職に分け、このうちの一般職に適用されることとされています。

| |
|---|
| 一般職<br>・特別職に属する職以外の国家公務員・地方公務員のすべて<br>特別職<br>・国家公務員の場合は、内閣総理大臣、国務大臣、副大臣、大臣政務官、国会職員、独立行政法人のなかの行政執行法人（国の仕事と密接に関連した仕事をする法人）の役員など<br>・地方公務員の場合は、都道府県知事、市町村長、議会の議員など |

以上を踏まえて、出題例を見てみましょう。

〔平成25年度　問題26〕

国家公務員に関する次の記述のうち、正しいものはどれか。

1　国家公務員法は、公務員の職を一般職と特別職とに分けているが、同法は、法律に別段の定めがない限り、特別職の職員には適用されない。

2　（省略）

3　（省略）

4　懲戒に付せらるべき事件が、刑事裁判所に係属する間においては、任命権者は、同一事件について、懲戒手続を進めることができない。

5　公務員の懲戒処分には、行政手続法の定める不利益処分の規定が適用されるので、これを行うに当たっては、行政手続法の定める聴聞を行わなければならない。

肢1について、前述の通り国家公務員法の規定は、特別職に属する職には適用されません。したがって、本肢は正解肢となります。

肢4について、国家公務員は、職務上の義務違反や国民全体の奉仕者としてふさわしくない非行があった場合には、懲戒処分を受けることがあります。懲戒処分は重い順に免職、停職（1

年を超えない範囲内)、減給又は戒告です。この懲戒に付せらるべき事件が、刑事裁判所に係属する間、すなわち、刑事事件として裁判が進行されていたとしても、人事院又は人事院の承認を経て、任命権者は同一事件について適宜に懲戒手続を進めることができます。このような公務員に対する懲戒処分は頻出事項です。

肢5について、公務員に対する対応は、国民に対する対応とは異なりますので、国民に対する行政の対応を規定した行政手続法の規定は適用されません。行政手続法の知識が行政の組織に関連する法でも登場することがあるので、注意が必要です。

## ◎学説

「学説」に関する問題も、1問程度出題されることがあります。

以上、説明してきた法律に規定されている行政組織の考え方とは、各組織の事務の範囲に着目したものです。例えば、外交に関する事務は外務省、国家財政に関する事務は財務省などの区別です。このことを「事務配分的行政機関概念」と言います。

それに対して、行政の組織の活動内容に着目した考え方もあります。例えば、行政の意思を決定する人や組織のことを「行政庁」、行政庁を補佐する人たちを「補助機関」というように分類します。このことを「作用法的行政機関概念」と言います。

ただ、「事務配分的行政機関概念」と異なり、法律に具体的な規定がなされているわけではないため、大学教授が唱える「学説」による分類が出題されることになります。

# 3 〔行政法〕行政の活動に関する法律

合格の鉄則

**行政組織の活動の原理原則を定めたルール**

## ◎学説

行政の活動に関する法律では、学説から2～3問出題されます。行政通則法のような、行政の活動に関する一般法が制定されていないため、それを補う手法として「学説」があり、この学説から出題されます。まず、次ページの図を見てください。

わが国の憲法は、国民の基本的人権を守るために国家権力の分散を図っています。すなわち、立法・行政・司法の三権分立です。そのなかで行政が活動する際には、原則として国会が制定した法律という根拠がなければなりません。

この法律を根拠にして、行政は計画をしたり（行政計画）、法律が曖昧にできているのでそれを具体化したり（行政立法）します。

## 「行政行為」「行政立法」「行政強制」の位置づけ

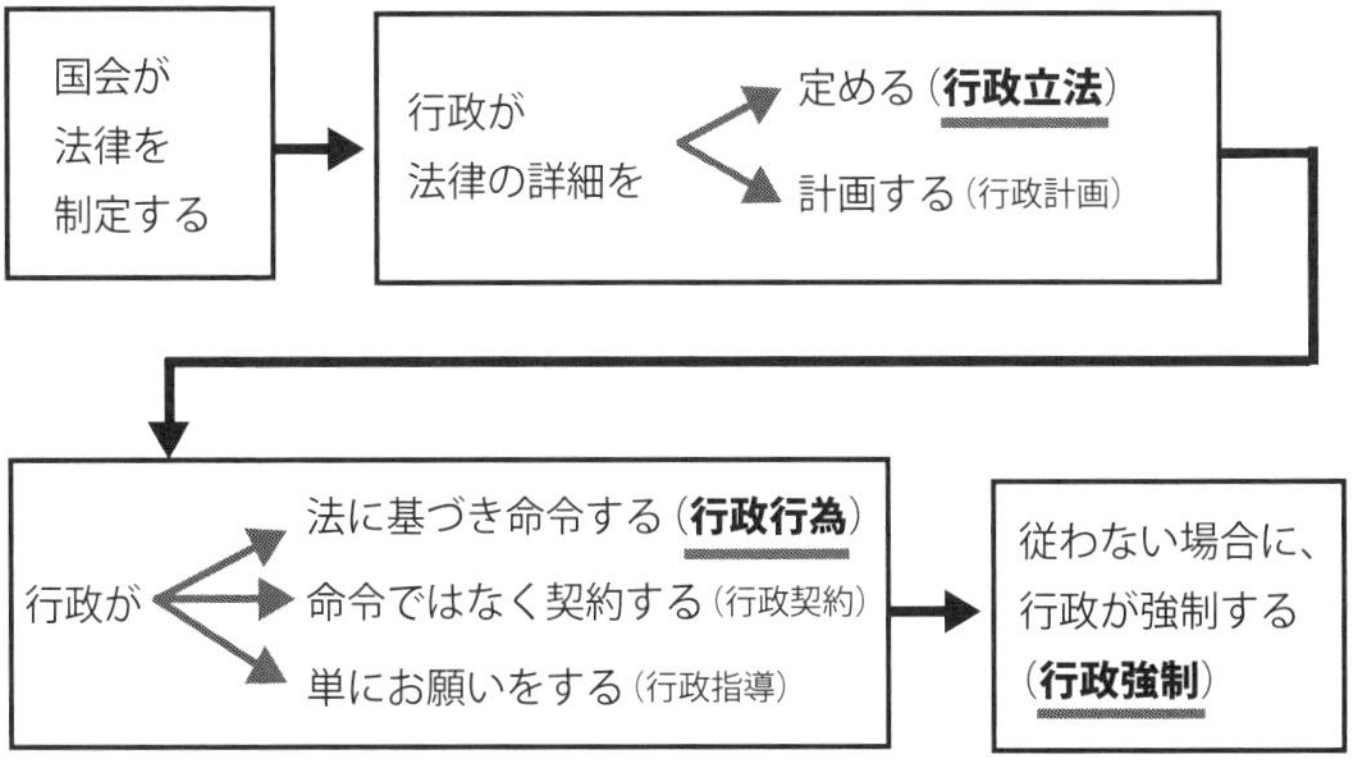


そして、公共工事などの契約（行政契約）、法律を根拠とした国民への命令など（行政行為）、命令に従わない場合には強制など（行政強制）を行うことができます。

さらに、法律の根拠がなくても、国民にお願いごとをすることも可能です（行政指導）。ただし、このお願いを国民が無視しても、それを強制することはできません。

上記のような行政の各種の活動内容が出題されますが、行政書士試験でほぼ毎年出題されるのは、**「行政行為」「行政立法」「行政強制」**です。

この3つについて、出題例を見てみることにしましょう。

まずは、**「行政行為」**です。

［平成26年度　問題8］

次の会話の空欄 ア ～ エ に当てはまる語句の組合せとして、正しいものはどれか。

A「私も30年近く前から自動車の運転免許を持っているのですが、今日はこれを素材にしてちょっと行政法のことについて聞きましょう。これが私の持っている免許証ですが、これにはいろいろな記載がなされています。これらの記載が行政法学上、どのように位置づけられるか答えてください。まず、最初に免許証について『平成29年08月15日まで有効』と書かれていますが、これはどうかな。」

B「その記載は、行政処分に付せられる附款の一種で、行政法学上、 ア と呼ばれるものです。」

A「そうですね。次ですが、『免許の条件等』のところに『眼鏡等』と書かれています。これはどうでしょう。」

B「これは、運転にあたっては視力を矯正する眼鏡等を使用しなければならないということですから、それも附款の一種の イ と呼ばれるものです。」

A「それでは、運転免許は一つの行政行為とされるものですが、これは行政行為の分類ではどのように位置づけられていますか。」

B「運転免許は、法令により一度禁止された行為について、申請に基づいて個別に禁止を解除する行為と考えられますから、その意味でいえば、［ウ］に当たりますね。」

A「よろしい。最後ですが、道路交通法103条1項では、『自動車等の運転に関しこの法律若しくはこの法律に基づく命令の規定又はこの法律の規定に基づく処分に違反したとき』、公安委員会は、『免許を取り消』すことができると規定しています。この『取消し』というのは、行政法の学問上どのような行為と考えられていますか。」

B「免許やその更新自体が適法になされたのだとすれば、その後の違反行為が理由になっていますから、それは行政法学上、［エ］と呼ばれるものの一例だと思います。」

A「はい、結構です。」

| | ア | イ | ウ | エ |
|---|---|---|---|---|
| 1 | 条件 | 負担 | 免除 | 取消し |
| 2 | 期限 | 条件 | 特許 | 撤回 |
| 3 | 条件 | 負担 | 特許 | 取消し |
| 4 | 期限 | 負担 | 許可 | 撤回 |
| 5 | 期限 | 条件 | 許可 | 取消し |

アには「期限」が入ります。「期限」とは、行政行為の附款《ふかん》の一つです。附款とは、行政行為の効果を制限したり、特別な義務を課すために、行政行為につけるおまけのことです。附款の種類として、次の３つがあります。

**◎行政行為の法律効果の発生・消滅を発生「不確実」な事実にかからしめる「条件」**

**◎行政行為の法律効果の発生・消滅を発生「確実」な事実にかからしめる「期限」**

**◎自動車の運転を許すが、その際には眼鏡を使用しなければならないというように、行政行為の許可に付随して特別の義務を課すというような「負担」**

本肢は前文に『平成29年08月15日まで有効』ということから、行政行為の法律効果の発生・消滅を「確実」な一定のことがらの成立にかからせる場合をいうので、「期限」が入ります。

イには「負担」が入ります。前文に「運転にあっては眼鏡等を使用しなければならない」ということから、肢アの解説により行政行為の附款のうちの「負担」が入ります。

ウには「許可」が入ります。行政行為を、法律に基づいて国民に命令などをすることと解説しましたが、もうちょっと詳しくいうと、「国民にすでに課されている義務を解除する」というような意味や「国民がもともと有していない権利を与える」という意味としても用いられることがあります。

前者を「許可」、後者を「特許」と呼びます。本肢は、運転免許は一度禁止しておいて、申請に基づいて個別に禁止を解除する行為としていますので、上記のうちの「許可」にあたることになります。

エには「撤回」が入ります。

行政や裁判所の判断により、行政行為を止めることがあります。これは、違法な行政行為であっても一応有効としておき、行政や裁判所の判断があってはじめて効力がなくなる「行政行為の取消し」と、行政行為の成立当初は問題がなく有効なものであっても、その後の事情の変化により将来に向かって行政行為の効力を消滅させる「撤回」に分類されます。本肢の場合、前文に「更新自体が適法になされたのだとすれば、その後の違反行為が理由になっています」ということから、上記の分類の「撤回」が入ります。

以上により、4が正解となりますが、行政行為はすべて「学説」で構成され、抽象的な表現が多いため、テキスト等で相似する用語の相違点をよく理解するようにしましょう。

次は、**「行政立法」**です。

「行政立法」という表現は、行政が国会ではないのに、法律を制定できる意味にもとられてしまうため、現在は別の表現を使用しているケースが多いのですが、行政書士試験の問題では「行政立法」という表現を使用していますので、以降も「行政立法」という表現を使って解説します。

［平成23年度　問題9］
　行政立法についての次の記述のうち、妥当なものはどれか。
1　省令は、各省大臣が発することとされているが、政令は、内閣総理大臣が閣議を経て発することとされている。
2　（省略）
3　内閣に置かれる内閣府の長である内閣官房長官は、内閣府の命令である内閣府令を発することができる。
4　各省大臣などは、その所掌事務について公示を必要とするときは、告示を発することができるが、これが法規としての性格を有することはない。
5　（省略）

行政立法の頻出事項は、行政立法の分類に関する出題です。ただし、明確に分類できない部分もありますので、この点に注意しながら学習をしなければなりません。

行政立法は、まず国民の権利や自由を制限したり、義務を課したりする法規の性質を有する「法規命令」と、そのような性質を有しない「行政規則」に大別されます。

「法規命令」は、さらに誰が制定するのかによって、政令（内閣が閣議により決定する）、内閣府令（内閣総理大臣が発する）、省令（各省の大臣が発する）などに分類されます。

肢1について、政令は内閣総理大臣ではなく、内閣が発するものですので、本肢は妥当ではないことになります。

肢3について、内閣府令は内閣官房長官ではなく、内閣総理大臣が発するため、本肢も妥当ではないことになります。

肢4について、各省大臣、各委員会及び各庁の長官は、「告示」を発することができます。この告示は、単に一定事項を知らせることなので、原則として法規命令の一類型ではないとされていますが、例えば文部科学大臣が告示する学習指導要領のように、法規としての性質を有するものも存在します。したがって、本肢も妥当ではないと言えます。

最後に、**「行政強制」**です。

「行政強制」はさらに、「行政上の強制執行」と「即時強制」に分けられます。

行政は、法律の根拠に基づいて、国民に義務を課すことができます。例えば、所得税法に基づいて所得税を納付させたり、健康保険法に基づいて、健康保険料を納付させることが挙げられます。

そして、これらの義務を守らない場合には、行政はその義務の履行を強制することができます。これが「行政上の強制執行」です。

一方、国民が義務を守る・守らないに関係なく、行政が行政目的を達成するために強制することが必要な場合もあります。例えば、消防活動をする際に個人の家を破壊して火事の延焼を防ぐ破壊消防や、警察官による緊急時の拳銃使用が挙げられます。これが「即時強制」です。

行政強制については、記述式で出題されましたので、この問題を検討してみましょう。

［平成23年度　問題44］

以下に引用する消防法29条1項による消防吏員・消防団員の活動（「破壊消防」と呼ばれることがある）は、行政法学上のある行為形式（行為類型）に属するものと解されている。その行為形式は、どのような名称で呼ばれ、どのような内容のものと説明されているか。40字程度で記述しなさい。

消防法29条1項
消防吏員又は消防団員は、消火若しくは延焼の防止又は人命の救助のために必要があるときは、火災が発生せんとし、又は発生した消防対象物及びこれらのものの在る土地を使用し、処分し又はその使用を制限することができる。

本問の破壊消防が、行政の行為類型のどれに該当するかを考えさせる問題です。

行政行為、行政立法、行政契約、行政調査、行政上の強制執行、即時強制などがありますが、「即時強制」が該当することが、前述の説明でわかると思います。

あとは、「即時強制」の内容を書かせようとしています。解答例は、以下になります。

「即時強制と呼ばれ、義務を命じる余裕がない場合に、直接身体若しくは財産に有形力を行使する。」（44字）

このように、行政の行為類型については、その意味が40字程度で書けるような意識をもってテキスト等にあたるようにしましょう。

## ◎行政手続法

行政手続法からは3問出題されます。

行政手続法は、行政の手続に関してのルールを定めた一般法ですが、先ほど「学説」で概要を説明した行政の活動全てについて規定を設けているわけではありません。

具体的には、他の法律に特別の定めがない場合に、

**ⓐ「申請に対する処分」**
**ⓑ「不利益処分」**
**ⓒ「行政指導」**
**ⓓ「処分等の求め」**
**ⓔ「届出」**
**ⓕ「命令等の定め」**

に関する行政の手続に限定して規定を設けています。

ⓐとⓑについては、処分という言葉が使われていますが、学説の上では「行政行為」と似た意味であると考えてください。この行政行為のなかでも、例えば、ⓐは営業の許可などを最初

に受ける際の手続、ⓑは営業の許可の取消しなどを受ける際の手続を規定しています。ⓒは、すでに説明した学説上の「行政指導」と同じ意味です。ⓔは学説上の分類にはないのですが、一定の事実を通知することで、その後の行政の対応の必要がないものを言います。ⓕは学説上の分類の「行政立法」みたいなものと考えてください。

上記のⓐ~ⓕのなかから例年3問が出題されるのですが、よく出題されるのはⓐ及びⓑです。ここでは、ⓐ申請に対する処分及びⓑ不利益処分の出題例を見てみましょう。

まずは、ⓐ申請に対する処分の出題例ですが、その前に若干の説明をしておきます。

行政には、許可の申請をする国民の便宜を考えて、審査基準を制定し、それを公表しなければならない義務が課せられています。

審査基準とは、申請によって求められた許可をするかどうかを判断する基準のことです。これをもとに、次の出題例を検討してみましょう。

[平成26年度　問題12]

許可の申請手続において、行政庁Yは審査基準を公にしないまま手続を進めて、結果として申請者Xに許可を与えなかった。この事例に関する次の記述のうち、行政手続法の条文に照らし、正しいものはどれか。

1　Ｙは公聴会を開催してＸの意見を聞く法的義務を負うことから、Ｙが審査基準を公にしなかったことも違法とはならない。

2　行政庁が審査基準を公にすることは努力義務に過ぎないことから、Ｙが審査基準を公にしなかったことも違法とはならない。

3　Ｘは情報公開法[※]に基づき情報公開請求をして審査基準を閲覧できることから、Ｙが審査基準を公にしなかったことも違法とはならない。

4　審査基準は、申請者の求めがあったときにこれを示せば足りることから、Ｘが審査基準の提示をＹに求めなかったのであれば、Ｙが審査基準を公にしなかったことも違法とはならない。

5　審査基準を公にすると行政上特別の支障が生じるのであれば、Ｙが審査基準を公にしなかったことも違法とはならない。

※行政機関の保有する情報の公開に関する法律

肢１について、審査基準の制定及び公表は、行政手続法で義務化されているので、「審査基準を公にしなかったことも違法とはならない」とする本肢は誤りとなります。

肢2についても、審査基準の制定及び公表は、行政手続法で義務化されているので、これも誤りとなります。

肢3については、肢1・2と同様に、審査基準の制定・公表は行政手続法で義務化されているので、これも誤りとなります。

肢4についても同様に、誤りです。

肢5については、審査基準の公表にも例外があり、「行政上特別の支障が生じるのであれば公表しなくてもよく、違法とはならない」と規定されています。したがって、本肢が正解となります。

行政手続法の出題の特徴として、本問のようにその定めをすることが行政手続法上「義務」とされているのか、定めるように努力すればよい程度なのか（努力規定）の違いが、よく問われます。条文を参照するときには、各規定の語尾に注意をして学習をしましょう（「～するようにしなければならない」なのか、「～するように努める」なのか、です）。

次は、ⓑ不利益処分の出題例です。

営業の許可の取消しをするような不利益処分は、その相手方である国民にとっては、一大事です。そこで、不利益処分をする際には、国民の言い分をちゃんと聴いてから行いましょうとという旨の規定があります（これを「意見陳述手続」と言います）。
この言い分の聴き方（意見陳述手続）には2通りあり、営業の取消しなどの重要な不利益処分を行う場合は、直接口頭で言い分を聞く「聴聞」、営業の一定期間停止などのそれほど重要でない不利益処分を行う場合は、文書で言い分を聞く「弁明の機会の付与」の手続をします。

［平成26年度　問題11］
不利益処分に関する次の記述のうち、正しいものはどれか。
1　行政手続法は、不利益処分について、処分庁が処分をするかどうかを判断するために必要な処分基準を定めたときは、これを相手方の求めにより開示しなければならない旨を規定している。
2　行政手続法は、不利益処分について、処分と同時に理由を提示すべきこととしているが、不服申立ての審理の時点で処分庁が当該処分の理由を変更できる旨を規定している。
3　行政手続法は、処分庁が金銭の納付を命じ、または金銭の給付を制限する不利益処分をしようとするときは、聴聞の手続も弁明の機会の付与の手続もとる必要がない旨を規定している。
4　行政手続法は、処分庁が意見陳述のための手続をとることなく不利益処分をした場合、処分の名あて人は処分後に当該手続をとることを求めることができる旨を規定している。
5　（省略）

肢1について、申請に対する処分のように、不利益処分の場合も、どんなことをすると不利益処分を受けるかの基準となる「処分基準」が定められることがあります。しかし、「処分基準」を定めることにより、不利益処分がなされるギリギリのことをする人たちが増えると困りますので、あくまでも処分基準を制定し公表することは、「努力規定」にとどまっています。本肢のように、「相手方の求めにより開示しなければならない」旨の規定は存在しませんので、本肢は誤りとなります。

肢2について、行政手続法では、不利益処分を行う際に、聴聞等の手続をすることの他に、不利益処分をする相手方に対して、同時に、当該不利益処分の理由を示さなければならないと規定しています。したがって、本肢の前半は正しいのですが、「不服申立ての審理の時点で処分庁が当該処分の理由を変更できる」旨の規定は存在しないので、本肢は誤りとなります。

肢3について、例えば税金や社会保険料を納めるというような、一度に大量の処分が全国的に行われるようなケースの場合には、いちいち言い分を聴くのも大変なので、聴聞等の手続を省略できる旨の規定があります。したがって、本肢は正しいことになります。

肢4について、不利益処分をしようとする場合には、一定の区分に従い、当該不利益処分の名あて人となるべき者について、意見陳述のための手続をとらなければなりません。しかし、肢3の解説にあるように、一定の場合には意見陳述手続をとる必要はありません。ただし、本肢のように「処分の名あて人は処分後に当該手続をとることを求めることができる」旨の規定はありません。したがって、本肢は誤りとなります。

行政手続法の出題では、本問のように、「もっともらしいが実は条文に規定されていない定め」が出題されることがあります。

日頃から、行政手続法に規定されている内容を、体系立ててしっかりと理解しておく必要があるわけです。

# 4

# 〈行政法〉行政の活動により不利益を受けた国民を救済する法律

合格の鉄則

**違法または不当な行政活動が行われたときの救済方法を定めている**

### ◎救済手段としての「行政争訟」と「国家補償」

行政の活動が行われたことにより、国民が不利益を受けることがあります。この場合の救済手段としては、次の2つがあります。

・誤った行政作用を正す**「行政争訟」**

・行政作用がなされて損害が発生した場合の国家の補償方法について規定した**「国家補償」**

さらに、「行政争訟」には次の2つの手段があります。

・違法な行政活動に対して、それを是正するために裁判所で争う**「行政訴訟」**

## 行政争訟と国家補償

- **行政争訟**（行政活動の是正）
  - **行政訴訟**（裁判所による是正）
  - **不服申立て**（行政機関による是正）
- **国家補償**（行政活動による補償）
  - **国家賠償**（違法な行政活動）
  - **損失補償**（適法な行政活動）

・違法または不当な行政活動に対して行政機関に直接申し立ててその是正をしてもらう**「行政上の不服申立て」**

この両制度のどちらをとるかは、原則として自由です（このことを「自由選択主義」と言います）。例外的に、不服申立ての結論（「裁決」と言います）が出た後に、行政事件訴訟を起こさなければならないものもあります（このことを「審査請求前置主義」と言います）。

行政訴訟は、憲法32条に規定する「国民が裁判を受ける権利を保障」するものです。裁判所が司法権行使の一環として行い、その一般法として行政事件訴訟法があります。そのため、行政事件訴訟も、民事訴訟とほとんど同様の手続によって進められます。

次の国家補償は、行政の活動により損害が発生した場合の補償制度で、次の2つがあります。

・法律で認められている行政の活動であるが、補償が必要になるという**「損失補償」**
・行政機関の違法な行為によって生じた損害に対し、賠償が必要となる**「国家賠償」**

国家賠償には、国家賠償法という一般法がありますが、損失補償には一般法が存在しません。

なお、行政争訟と国家補償は、どちらも行政救済の方法ですが、例えば、国家賠償請求をするために、あらかじめ行政事件訴訟を提起して、その判決を得なければならないというものではなく、各制度の要件を満たせば、同時又は別々に提起してもかまわないとされています。

それでは、順番に出題例を見てみましょう。

**◎行政不服審査法**

行政不服審査法は、違法、又は不当な行政活動に対して、行政機関に直接申立ててその是正をしてもらう「行政上の不服申立て（審査請求）」に関する一般法です。ここからは3問出題されます。

行政不服審査法は、昭和37年に制定されてから大きな改正がなく、制度的な問題が出てきたため、平成26年に50余年ぶりの全部改正が行われました。
以下の出題例は改正後の内容に訂正しています。

［平成22年度　問題14を法改正により訂正］

行政不服審査法に基づく審査請求に関する次の記述のうち、正しいものはどれか。

1　審査請求は、他の法律や条例において書面でしなければならない旨の定めがある場合を除き、口頭ですることができる。
2　審査請求は、代理人によってもすることができるが、その場合は、審査請求人が民法上の制限行為能力者である場合に限られる。
3　代理人は、審査請求人のために、当該審査請求に関する一切の行為をすることができるが、審査請求の取下げについては特別の委任を要する。
4　処分について不服申立適格を有するのは、処分の相手方に限られ、それ以外の第三者は、法律に特別の定めがない限り、不服申立適格を有しない。
5　行政不服審査法に基づく審査請求は、行政庁の処分の他、同法が列挙する一定の行政指導についても行うことができる。

肢1について、行政不服審査法に基づく審査請求は、他の法律（条例に基づく処分については、条例を含む）に「口頭」で行うことができる旨の定めがある場合を除き、審査請求書という「書面」を提出しなければなりません。審査請求は書面のやりとりによって行う「書面審理」が原則です。したがって、「口頭ですることができる」という本肢は誤りとなります。

肢2について、審査請求は代理人によって行うことができますが、審査請求人が未成年者のような「制限行為能力者である場合」に限り、代理人を選任できる旨の制限はありません。したがって、本肢は誤りです。

肢3について、代理人は各自、審査請求人のために当該審査請求に関する一切の行為を行うことができます。ただし、審査請求の取下げは、特別の委任を受けた場合に限り、行うことができることになっています。したがって、本肢は正しいことになります。

肢4について、審査請求は誰でもできるわけではありません。条文には具体的な規定はありませんが、判例は「法律上の利益がある者、すなわち、当該処分により自己の権利若しくは法律上保護された利益を侵害され又は必然的に侵害されるおそれのある者をいう」としています。したがって、処分について不服申立適格を有するのは、処分の相手方に限られるわけではありませんので、本肢は誤りということになります。

肢5について、行政不服審査法には、行政指導について審査請求ができる旨の規定は存在しません。したがって、本肢は誤りとなります。

### ◎行政事件訴訟法

択一式が3問出題される他に、行政法の記述式で圧倒的に出題されるのは、行政事件訴訟法です。多肢選択式も出題されることがあるため、行政法で一番配点の高い科目と言えます。同じ行政争訟でも、行政不服審査法は平成26年にやっと全文改正されていますが、行政事件訴訟法は平成16年に大改正がされており、平成18年以降の過去問題を検討する意義は非常に大きいと考えてください。

行政事件訴訟法に規定する行政事件訴訟は、次ページのように分類されます。

まず、主観訴訟と客観訴訟に分類できます。

主観訴訟とは、個人の権利利益の保護を目的とした訴訟であり、さらに「抗告訴訟」と「当事者訴訟」に分類されます。

抗告訴訟とは、行政庁の公権力の行使に関する不服の訴訟を言い、さらに「処分の取消しの訴え」「裁決の取消しの訴え」（以上をまとめて「取消訴訟」と言います）「無効等確認の訴え」「不作為違法確認の訴え」「義務付けの訴え」「差止めの訴え」の6種類が規定されています。

## 行政事件訴訟の類型

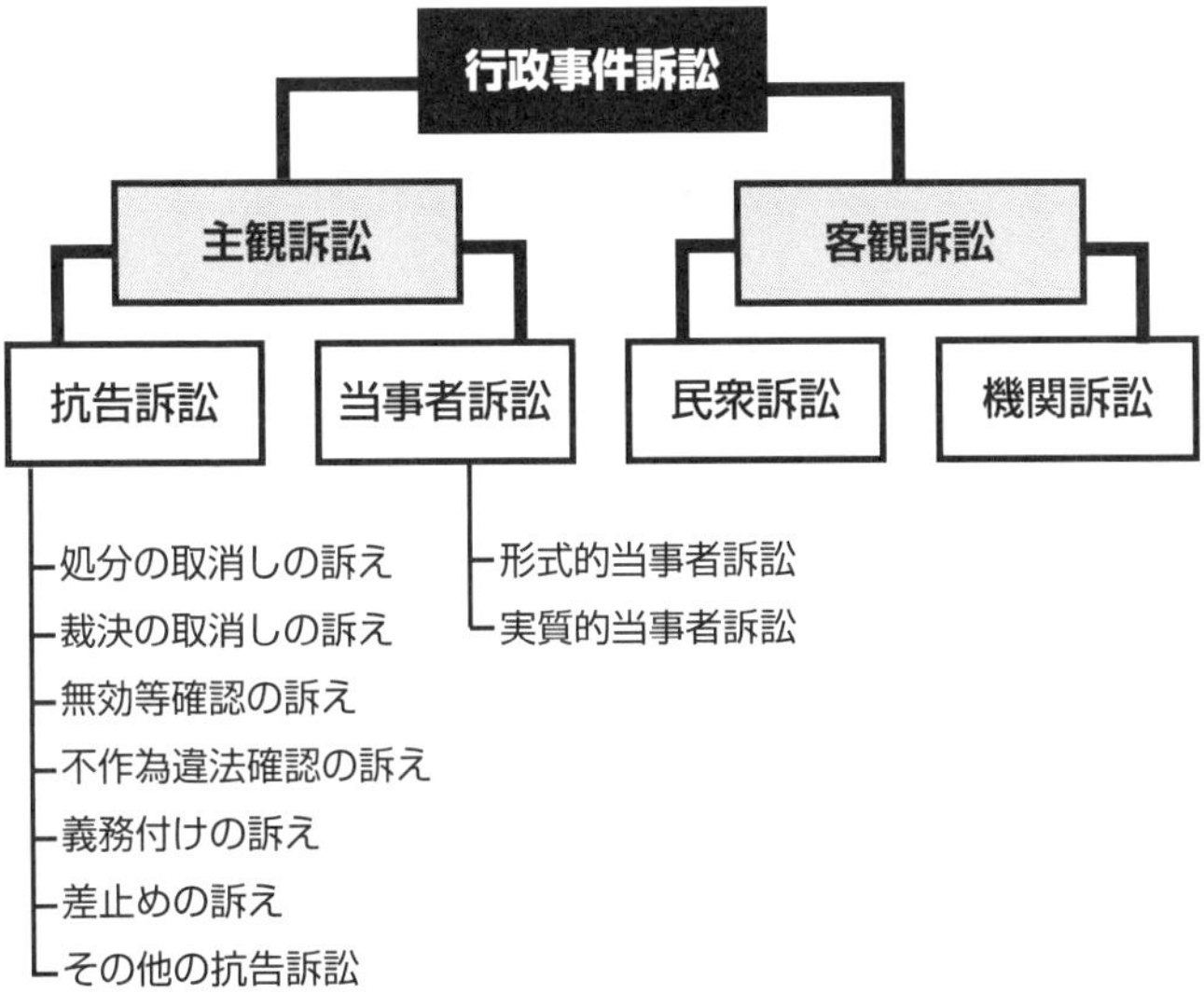


ただ、その他の抗告訴訟も判例で認められるケースがあります。

当事者訴訟とは、行政と国民の法律関係を確認する等のための訴訟で、形式的当事者訴訟と実質的当事者訴訟に分けられます。

一方、客観訴訟とは、各種の行政の活動が法律に適合して行われているかをチェックするための訴訟であり、個人の権利利益の保護を目的としたものではありません。この客観訴訟は、さらに「民衆訴訟」と「機関訴訟」に分類されます。

行政書士試験では、各訴訟類型の意味やそれが認められる条件などが出題されますが、「取消訴訟」の手

## 行政事件訴訟法の各年度の出題内容

| 年度 | 択一式の出題 | 多肢選択式の出題 | 記述式の出題 |
|---|---|---|---|
| 28年 | ①取消訴訟の法律上の利益<br>②取消訴訟と国家賠償等の関係<br>③取消訴訟の処分性 | 無効等確認の訴え | — |
| 29年 | ①無効等確認の訴え<br>②申請拒否処分の取消訴訟<br>③裁決の取消しの訴え<br>④仮の差止め<br>⑤取消訴訟の教示制度 | — | — |
| 30年 | ①取消訴訟の判決の効力<br>②民衆訴訟と機関訴訟<br>③差止訴訟 | 取消訴訟での主張制限 | 申請型の義務付けの訴え |
| 令和元年 | ①取消訴訟の執行停止<br>②被告適格等<br>③取消訴訟・義務付けの訴え | 行政事件訴訟の分類 | — |
| 令和2年 | ①狭義の訴えの利益<br>②出訴期間<br>③義務付けの訴え | — | 無効等確認の訴え |
| 令和3年 | ①執行停止など<br>②取消訴訟全般<br>③取消訴訟の原告適格 | — | — |
| 令和4年 | ①不作為の違法確認の訴えなど<br>②取消訴訟の処分性<br>③無効等確認の訴え | — | 非申請型の義務付けの訴え |
| 令和5年 | ①取消訴訟の出訴期間など<br>②取消訴訟の規定の準用<br>③取消訴訟の処分性 | — | 差止めの訴え、仮の差止め |
| 令和6年 | ①狭義の訴えの利益<br>②抗告訴訟の判決<br>③民衆訴訟・機関訴訟 | — | 取消訴訟 |

続を他の訴訟類型が準用する形式をとっています。したがって、「取消訴訟」が認められる条件（訴訟要件）や、その判決などの理解が重要になります。

各年度の出題内容について、174ページにまとめましたので確認しておいてください。

それでは、過去問題を検討してみましょう。

［平成21年度　問題16］

行政事件訴訟法に関する次のア～オの記述のうち、正しいものはいくつあるか。

ア　国の行政庁がした処分に関する取消訴訟の被告は、国である。

イ　国の行政庁が行うべき処分に関する不作為の違法確認訴訟の被告は、当該行政庁である。

ウ　国の行政庁が行うべき処分に関する義務付け訴訟の被告は、当該行政庁である。

エ　国の行政庁が行おうとしている処分に関する差止め訴訟の被告は、当該行政庁である。

オ　国又は地方公共団体に所属しない行政庁がした処分に関する取消訴訟の被告は、当該行政庁である。

1　一つ

2　二つ

3　三つ
4　四つ
5　五つ

　この問題は、取消訴訟の規定が、他の訴訟類型において、準用（必要な変更をして使うこと）されているかについて問うものです。そのなかでも、誰を被告として訴訟を提起すればよいかを問うています。

　肢アについて、処分の取消しの訴えは、当該処分をした行政庁の所属する国又は公共団体が被告となります。例えば、大臣がした処分に関しては、大臣が所属する「国」を被告とすることとされています。したがって、本肢は正しいことになります。

　肢イについて、処分の取消しの訴えの被告に関する考え方は、不作為の違法確認の訴えでも準用されているため、この場合は、当該行政庁の所属する国又は公共団体が被告となります。したがって、「行政庁」とする本肢は誤りとなります。

　肢ウについて、義務付けの訴えもアと同様に、当該行政庁の所属する国又は公共団体が被告となりますので、「行政庁」とする本肢は誤りとなります。

　肢エについて、差止めの訴えもアと同様に、当該行政庁の所属する国又は公共団体が被告となりますので、「行政庁」とする本肢は誤りとなります。

肢オについて、処分又は裁決をした行政庁が、国または公共団体に所属しない場合（特殊法人など）には、取消訴訟は当該行政庁を被告として提起しなければならないとされています。したがって、本肢は正しいことになります。

以上により、正しいものはア及びオとなり、二つとする2が正解となります。

このように、一見、取消訴訟以外の訴訟類型のことを問う出題でも、取消訴訟の規定を準用する部分が多いため、結果的にはその大部分で取消訴訟に関する知識が問われることになります。取消訴訟の規定の学習は、特に重要だということがこれでわかると思います。

**◎国家賠償法、損失補償**

例年、通常は国家賠償法から2問出題され、損失補償は数年に1回程度というレベルでの出題です。そのため、国家賠償法の理解がこの分野でのカギとなります。

国家賠償法は6条しかありませんので、その出題のほとんどは、最高裁判所の判例からとなります。ただ、過去に出題された判例が繰り返し出されることが多いので、過去問題の検討が必須と言えます。

それでは、国家賠償法の典型的な出題例を見てみましょう。

本問は、公権力の行使をする公務員が他人を傷つけたりした場合に、国が代わりに損害賠償責任を負うという国家賠償法1条に関するものですが、この「公務員」については国家公務員や地方公務員という法律上の公務員としての身分を必ずしも有する必要はなく、公権力を行使する者全体を公務員と解釈して、広く国民を救済しようと解釈しているのが判例です。

この点を踏まえて、検討してみましょう。

〔平成23年度　問題20〕

国家賠償法1条1項の要件をみたす場合の責任の主体に関する次のア～エの記述のうち、最高裁判所の判例に照らし、妥当なものの組合せはどれか。

ア　指定確認検査機関の建築確認処分に起因する私人の損害について、当該事務の帰属する地方公共団体は、国家賠償責任を負うことはない。

イ　都道府県の警察官の犯罪捜査が、検察官の犯罪の捜査の補助に係るものであっても、当該警察官の捜査に起因する私人の損害について、国が国家賠償責任を負うことはない。

ウ　児童福祉法に基づいて、都道府県が要保護児童を社会福祉法人の設置運営する児童養護施設に入所させている場合、当該施設の職員の養育監護行為に起因する児童の損害について、当該事務の帰属する都道府県が国家賠償責任を負うことがある。

エ　都道府県の警察官が制服制帽を着用して職務行為を装い強盗した場合、被害者に対し当該都道府県が国家賠償責任を負うことがある。

1　ア・ウ
2　ア・エ
3　イ・ウ
4　イ・エ
5　ウ・エ

肢アについて、建築確認という処分は、本来は建築主事という公務員が行うのですが、指定確認検査機関という建築士事務所などに外注をかけることも可能です。この場合、指定確認検査機関の建築確認処分に起因する私人の損害についても、地方公共団体の事務と同等と考えられるので、事務の帰属する地方公共団体は、国家賠償責任を負うとするのが判例です。したがって、本肢は妥当でないことになります。

肢イについて、警察法や地方自治法は警察の管理及び運営を都道府県の処理すべき事務と定めており、都道府県の警察官が犯罪の捜査を行うことは、「国家公務員である検察官が自ら行う犯罪の捜査の補助に係るものであるような例外的な場合を除いて」、当該都道府県の公権力の行使にあたるとするのが判例です。したがって、検察官が自ら行う犯罪捜査の補助に係るものであれば、国が国家賠償責任を負うことがあるということで、妥当ではないことになります。

肢ウについて、都道府県が要保護児童を社会福祉法人の設置運営する児童養護施設に入所させている場合、当該施設の長は都道府県が有する公的な権限を委譲されて、都道府県のために行使するものと解されるので、当該施設の職員の養育監護行為に起因する児童の損害について、当該事務の帰属する都道府県が国家賠償責任を負うことになるとするのが判例です。したがって、本肢は妥当なことになります。

肢エについて、非番の警察官が、制服を着て別の都道府県で私人に対して職務質問を装って金品を奪ったところ、騒がれたので射殺した事件では、外見上は警察官が職務を遂行しているように見えるので、当該警察官が属する地方公共団体に損害賠償を命じた判例があります。したがって、本肢は妥当なことになります。

以上により、妥当なものは、ウ及びエとなり、5が正解となります。

このように、国家賠償法の出題のほとんどは、判例からの出題ですので、判例の要旨をしっかりと理解するように心がけましょう。

# 5

# 「民法」の全体像を押さえよう

合格の鉄則

市民と市民の法律関係を規律した法律のこと

## ◎全部で5編に分かれている

民法は、市民と市民の法律関係を規律する法であり、「法」を公法と私法に分類した場合、私法に分類されます。

行政書士試験において出題される私法には、民法の他に、商法や会社法がありますが、民法は商法との関係では「一般法」であり、商法（会社法）が「特別法」に分類されます。それは、取引一般については民法が定め、商取引については会社法を含む広い意味での商法が定めているからです。

それでは、民法という法律がどのように構成されているのかについて見てみましょう。

民法は、次の5つの編に分かれています。

**「第1編　総則」**

**「第2編　物権」**

**「第3編　債権」**

**「第4編　親族」**

**「第5編　相続」**


「第1編　総則」は、第2編以下に共通する事項を取り上げてまとめた内容となっています。

「第2編　物権」では、所有権をはじめとする各種の物権（物に対する権利）について定めています。

「第3編　債権」では、人に対して一定の行為を請求することができる権利である「債権」や、人に対して一定の行為をする義務である「債務」、その他「売買」をはじめとする13種類の契約について定めています。

「第4編　親族」では、夫婦や親子などについて定め、「第5編　相続」では、相続人となるべき者や相続分、遺言などについて定めています。

なお、「第2編　物権」と「第3編　債権」を合わせて「財産法」と呼び、「第4編　親族」と「第5編　相続」を合わせて「家族法」と呼びます。

## 民法の出題分野表

| 年度 | 総　則 | 物　権 | 債　権 | 親　族 | 相　続 |
|---|---|---|---|---|---|
| 28 | 択2問 | 択3問 | 択3問、記1問 | 択1問、記1問 | 0問 |
| 29 | 択2問 | 択3問 | 択3問、記2問 | 0問 | 択1問 |
| 30 | 択2問、記1問 | 択2問 | 択3問、記1問 | 択2問 | 0問 |
| 令元 | 択2問 | 択3問、記1問 | 択3問、記1問 | 択1問 | 0問 |
| 令2 | 択1問、記1問 | 択2問、記1問 | 択5問 | 択1問 | 0問 |
| 令3 | 択2問 | 択2問 | 択4問、記2問 | 0問 | 択1問 |
| 令4 | 択1問、記1問 | 択2問 | 択5問、記1問 | 0問 | 択1問 |
| 令5 | 択1問 | 択2問、記1問 | 択5問、記1問 | 0問 | 択1問 |
| 令6 | 択2問 | 択2問、記1問 | 択4問、記1問 | 0問 | 択1問 |

「択」は5肢択一式問題（主な出題分野を出題実績としている）、「記」は記述式問題を指す。

以上が民法の構成ですが、行政書士試験では民法からは5肢択一式が9問、記述式が2問出題されます。

### ◎「債権」からの出題が圧倒的！

行政書士試験で出題されている民法の分野を大まかに見ると、上図のようになります。

まず、債権からの出題数が圧倒的に多いことがわかります。択一式問題は、民法9問中約4問、記述式問題は2問中約2問であり、約5割が債権からの出題となっています。

ただし、行政書士試験の民法の問題は、必ずしも表のように明確に分類できるわけではありません。

というのは、例えば、売買をテーマにした1つの問題のなかで、選択肢ごとにさまざまな角度から問題点を挙げて聞いてくるような、いわゆる複合問題も出題されるからです。

特に択一式の問題については、その傾向が強いと言えるでしょう。したがって、前掲の出題分野表も一応の目安と考えてください。

以下では、総則から個別にその傾向と対策について解説することとします。

# 6

# 〔民法〕総則

合格の鉄則

**「人」「物」「法律行為」「時効」などについて定めている**

## ◎頻出事項は「代理」と「意思表示」

「第1編　総則」では、権利・義務の帰属主体となる「人」、権利の客体となる「物」、一定の法律効果が認められる行為である「法律行為」、ある事実状態が一定期間継続した場合の法的な効果を認める「時効」などについて定めています。

しかし、「人」からの出題、「物」からの出題というだけでは、試験対策として効率的な学習ができません。

したがって、試験対策として出題傾向を知るためには、さらに細かく、何について問われているのか、少なくとも次ページの表の（　）内の事項までは、把握しておく必要があります。

これを見ると、「第1編　総則」からは、法律行為のなかでも代理に関する問題が頻出事項

## 「総則」で問われることの詳細

| 年度 | 総則からの主な出題内容 |
| --- | --- |
| 28 | 時効（時効の援用権者）、法律行為（無権代理） |
| 29 | 法人（権利能力なき社団）、法律行為（錯誤） |
| 30 | 制限行為能力者（相手方の催告権–記述式）、法律行為（公序良俗違反、条件・期限） |
| 令元 | 時効（時効の援用権者）、法律行為（代理） |
| 令2 | 制限行為能力者、法律行為（詐欺－記述式） |
| 令3 | 法律行為（意思表示の効力）、人（不在者、失踪宣告） |
| 令4 | 法律行為（虚偽表示、無権代理－記述式） |
| 令5 | 時効（消滅時効） |
| 令6 | 人（失踪宣告）、法律行為（無効・取消し） |

となっています。

例えば、法律行為である契約を締結しようとする場合、本人自らが契約する場合だけでなく、代理人を選任して契約を締結させる、あるいは本人が1人で有効な契約を締結できない制限行為能力者であるときは、法定代理人が代わって契約を締結する場合があります。

このように、代理人が本人に代わって契約を締結した場合の法律関係はどのように処理されるのかということが聞かれるのです。

もっとも、代理人が代理権を有するとは限りません。

代理権を有しない者が代理人と称

して契約を締結した場合、いわゆる「無権代理」はどのように処理されるのか、このことが試験でよく聞かれるのです。

実際に、無権代理に関する具体的な出題例を見てみましょう。

［平成28年度　問題28］

Aが所有する甲土地につき、Aの長男BがAに無断で同人の代理人と称してCに売却した（以下「本件売買契約」という。）。この場合に関する次の記述のうち、民法の規定および判例に照らし、妥当でないものはどれか。

1　Aが死亡してBが単独相続した場合、Bは本人の資格に基づいて本件売買契約につき追認を拒絶することができない。

2　Bが死亡してAの妻DがAと共に共同相続した後、Aも死亡してDが相続するに至った場合、Dは本人の資格で無権代理行為の追認を拒絶する余地はない。

3　Aが本件売買契約につき追認を拒絶した後に死亡してBが単独相続した場合、Bは本件売買契約の追認を拒絶することができないため、本件売買契約は有効となる。

4　Bが死亡してAが相続した場合、Aは本人の資格において本件売買契約の追認を拒絶することができるが、無権代理人の責任を免れることはできない。

5　Aが死亡してBがAの妻Dと共に共同相続した場合、Dの追認がなければ本件売買契約は有効とならず、Bの相続分に相当する部分においても当然に有効となるものではない。

この問題は、無権代理では必ず学習すべき判例の問題です。

選択肢1は、無権代理人が本人を単独相続した場合、選択肢2は、無権代理人を本人と共に相続した者がその後更に本人を相続した場合、選択肢3は、本人が無権代理行為の追認を拒絶した後、無権代理人が本人を相続した場合、選択肢4は、本人が無権代理人を相続した場合、選択肢5は、無権代理人が本人を他の共同相続人と共に共同相続した場合について、判例の知識を問う問題です。

それぞれについての判例の知識（判例要旨）は覚えておく必要はありますが、ここでは、結論を丸暗記するのではなく、判例の考え方（なぜそのような結論に至るのかという理由づけ）を理解しておくことが重要です。

基本的な考え方として、①無権代理人が本人を単独相続した場合に、無権代理人が本人の地位で無権代理行為の追認を拒絶することは、「信義則」（権利の行使及び義務の履行は、信義に従い誠実に行わなければならないという原則。1条2項）に反するとされます〈選択肢1に該当〉。

## 平成 28 年度問題 28・肢 1 と肢 4 の解説

**【無権代理人が本人を単独相続した場合（選択肢 1)】**

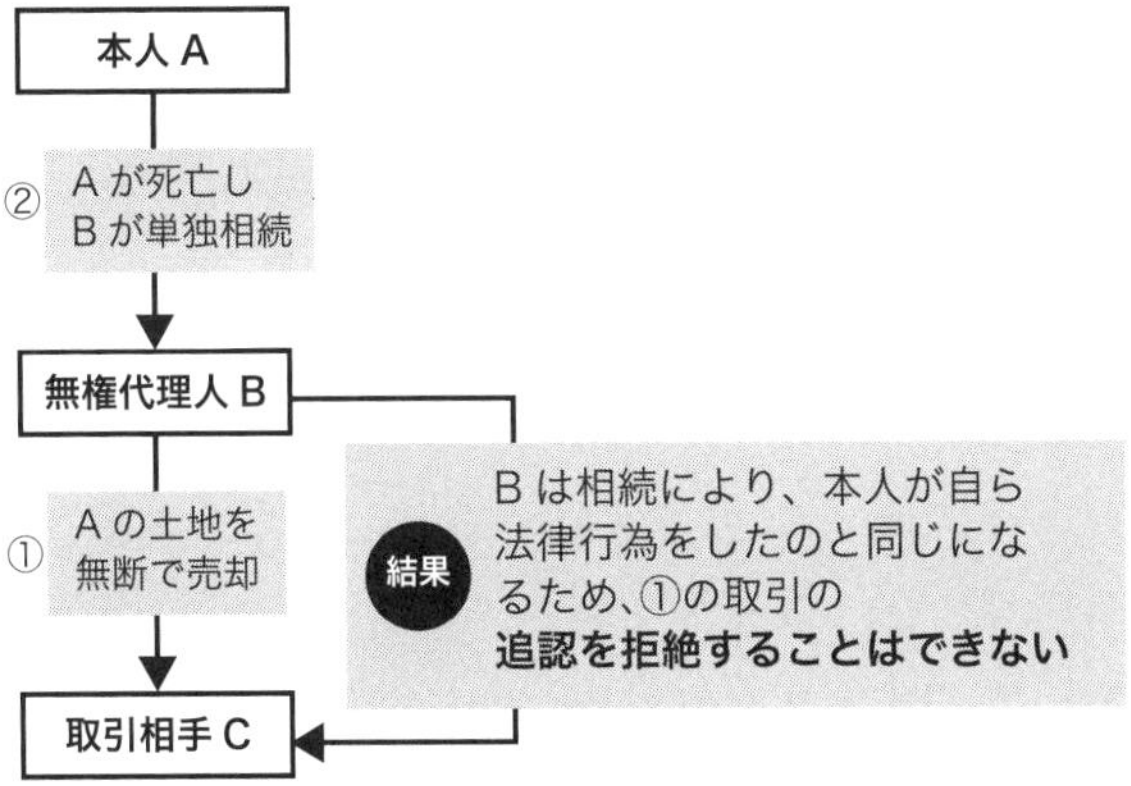
本人 A
② A が死亡し B が単独相続
無権代理人 B
① A の土地を無断で売却
取引相手 C
結果
B は相続により、本人が自ら法律行為をしたのと同じになるため、①の取引の追認を拒絶することはできない

**【本人が無権代理人を相続した場合（選択肢 4)】**

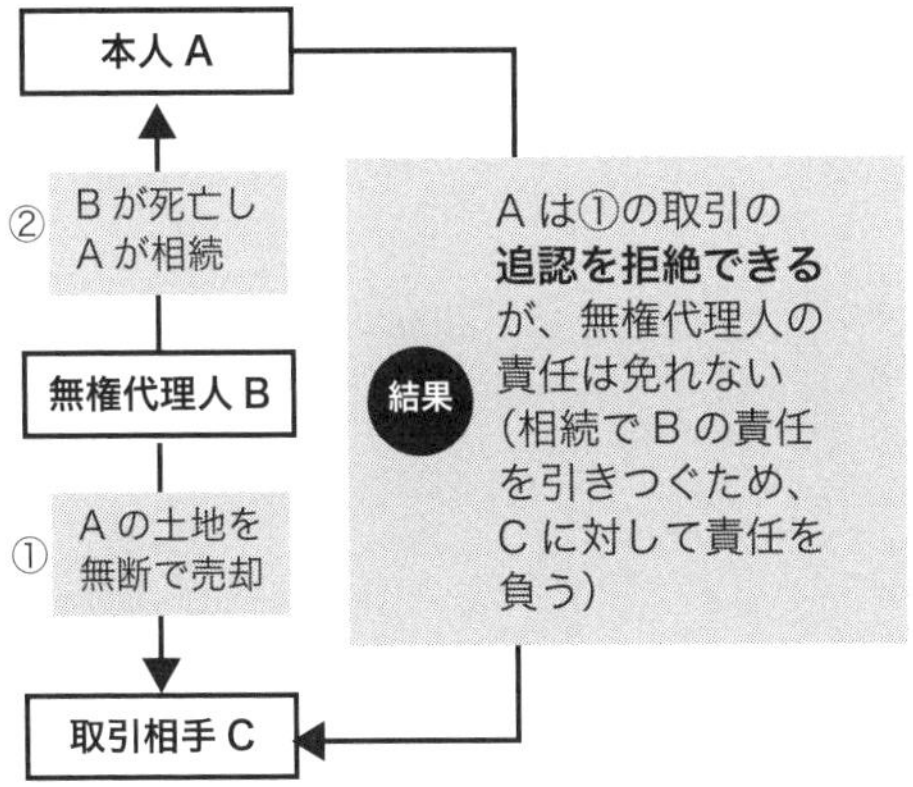
本人 A
② B が死亡し A が相続
無権代理人 B
① A の土地を無断で売却
取引相手 C
結果
A は①の取引の追認を拒絶できるが、無権代理人の責任は免れない（相続で B の責任を引きつぐため、C に対して責任を負う）

逆に、②本人が無権代理人を相続した場合に、本人が無権代理行為の追認を拒絶しても何ら「信義則」に反しないとされます〈選択肢4に該当〉。

この2つの考え方をベースに、あとは枝葉を付けていけばよいのです。

本問の正解は選択肢3です。①の考え方からすれば、無権代理人Bが本人Aを単独相続する場面なので追認を拒絶することができず、売買契約は有効となりそうですが、選択肢3は、本人Aが追認を拒絶した後、無権代理人Bが本人Aを相続しているケースです。

この場合、判例は、本人Aの追認拒絶によって、無権代理行為の効力が本人Aに及ばないことが確定し、その後は、本人であっても追認によって無権代理行為を有効とすることができず、無権代理人が本人を相続したとしても、追認拒絶の効果に何ら影響を及ぼすものではないことを理由に無権代理行為は有効とはならないとしています。

選択肢3は、上記2つの考え方の枝葉の部分として理解しておけばよいでしょう。

なお、それぞれの解説については、テキストや過去問題集に記述されていますので、詳細については、テキストや過去問題集でご確認ください。

総則からは、代理と同様に心裡留保、虚偽表示、詐欺、強迫などの意思表示も頻出事項です。

例えば、契約を成立させるためには、「申込み」と「承諾」という意思表示が合致する必要があります。この意思表示に何らかの問題がある場合に、当事者が締結した契約はどのように処理されるのか。この点が試験でよく聞かれます。

それでは、意思表示に関する具体的な出題例も見てみましょう。

［平成22年度　問題27］

AがBに対してA所有の動産を譲渡する旨の意思表示をした場合に関する次の記述のうち、民法の規定および判例に照らし、妥当なものはどれか。

1　Aが、精神上の障害により事理を弁識する能力を欠く常況にある場合、Aは当然に成年被後見人であるから、制限行為能力者であることを理由として当該意思表示に基づく譲渡契約を取り消すことができる。

2　Aが、被保佐人であり、当該意思表示に基づく譲渡契約の締結につき保佐人の同意を得ていない場合、Aおよび保佐人は常に譲渡契約を取り消すことができる。

3　この動産が骨董品であり、Aが、鑑定人の故意に行った虚偽の鑑定結果に騙された結果、Bに対して時価よりも相当程度安価で当該動産を譲渡するという意思表示をした場合、Bがこの事情を知っているか否かにかかわらず、Aは当該意思表示を取り消すことができない。

4　Aが、高額な動産を妻に内緒で購入したことをとがめられたため、その場を取り繕うために、その場にたまたま居合わせたBを引き合いに出し、世話になっているBに贈与するつもりで購入したものだと言って、贈与するつもりがないのに「差し上げます」と引き渡した場合、当該意思表示は原則として有効である。

5　Aが、差押えを免れるためにBと謀って動産をBに譲渡したことにしていたところ、Bが事情を知らないCに売却した場合、Cに過失があるときには、Aは、Cに対してA・B間の譲渡契約の無効を主張できる。

この問題は、動産の譲渡という事例について、制限行為能力や意思表示について聞いていますが、意思表示に関する肢3・4・5について見てみましょう。

まず肢3です。

「Aが、鑑定人の故意に行った虚偽の鑑定結果に騙された結果、……Bに対して時価よりも相当程度安価で当該動産を譲渡するという意思表示をした……」という記述から、Aが詐欺によって意思表示をしたことがわかります。ただし、その詐欺は譲渡の相手方Bではなく、第三者である鑑定人の行為によるものです。

## 肢3の図解：第三者による詐欺

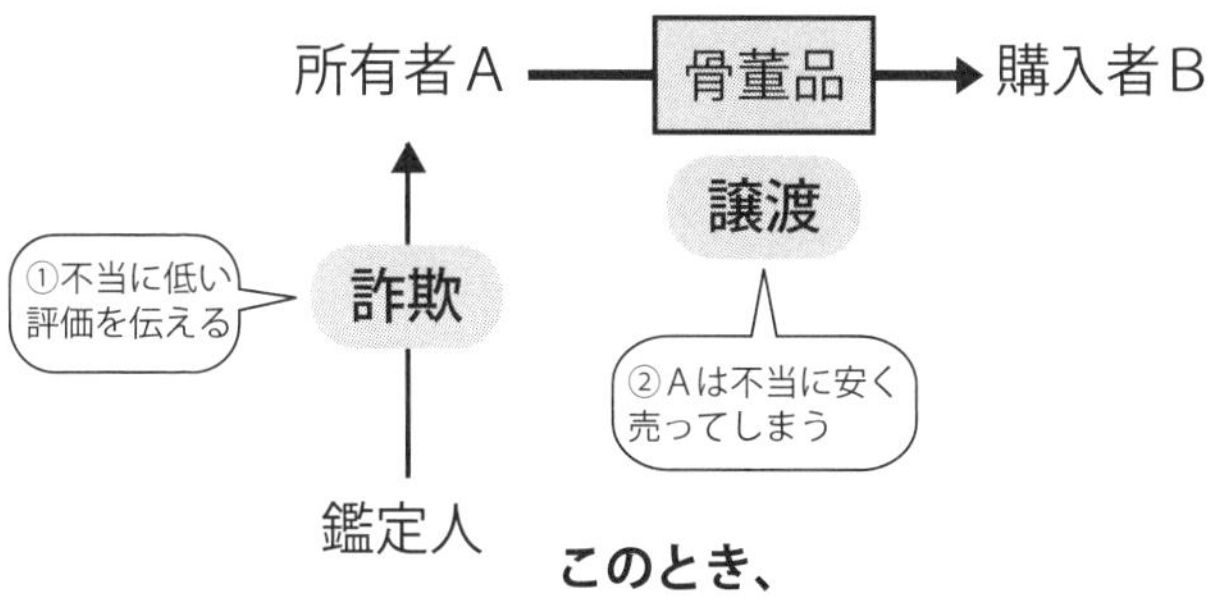


**このとき、**
**Bが悪意又は有過失であれば、**
**Aは意思表示を取り消せる！**

民法は、第三者の詐欺による意思表示は、相手方がその事実を知っていた（悪意）、又は知ることができた（有過失）ときに限り、取り消すことができると定めています（民法96条2項）。したがって「Bがこの事情を知っているか否かにかかわらず、Aは当該意思表示を取り消すことができない」という記述は妥当ではない記述となります。

次に、肢4です。

「Aが、……贈与するつもりがないのに『差し上げます』と引き渡した……」という記述から、Aみずからは、真意ではないことを知って贈与の意思表示をしていることがわかります。

これを、民法では「心裡留保《しんりりゅうほ》」と言います。世間一般ではあまり馴染みのない言葉ですが、心裡留保とは、心の裡《うち》に本心でないことを留めておきながら、意思表示をすることです。もっと簡単に

**肢4の図解：心裡留保**

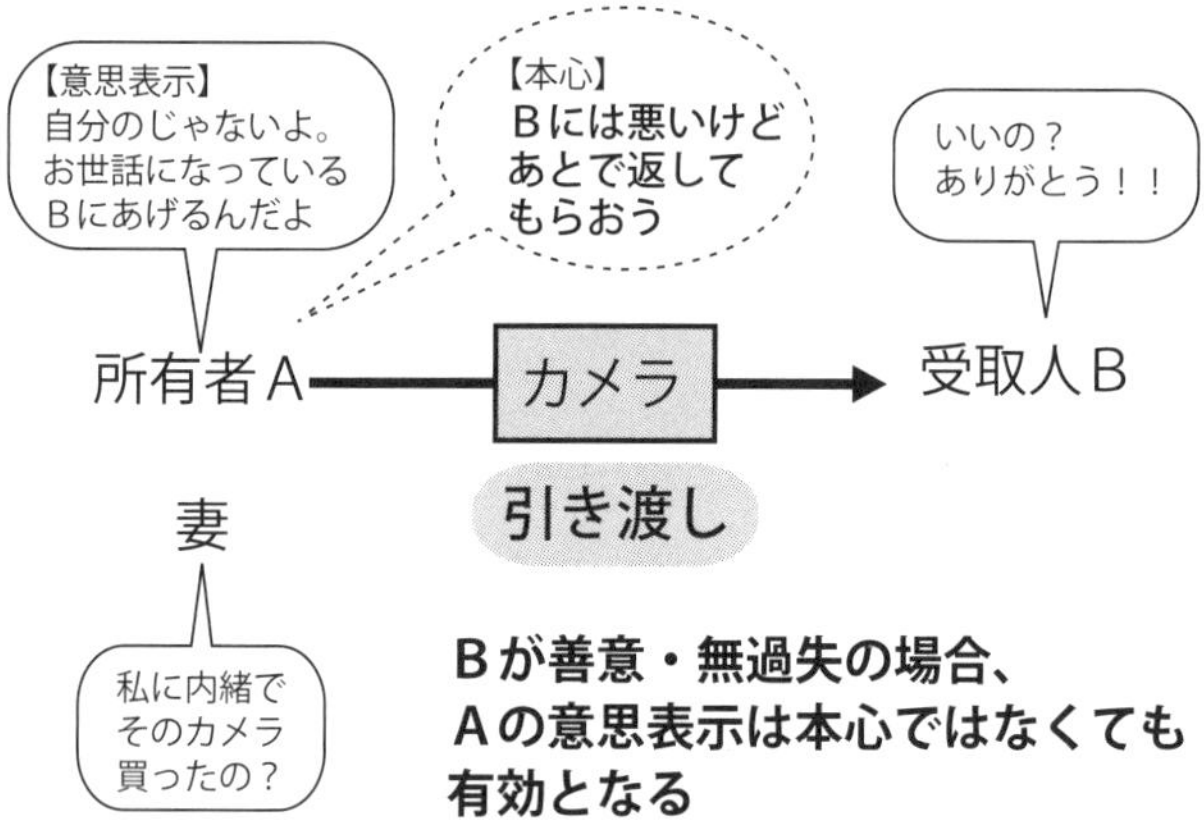
【意思表示】
自分のじゃないよ。
お世話になっている
Bにあげるんだよ
【本心】
Bには悪いけど
あとで返して
もらおう
いいの？
ありがとう！！
所有者A
カメラ
受取人B
引き渡し
妻
私に内緒で
そのカメラ
買ったの？
Bが善意・無過失の場合、
Aの意思表示は本心ではなくても
有効となる

言うと、「冗談」のことだと考えればよいでしょう。

本人に法律効果を発生させる意思がないため無効としてもよさそうですが、本人の表示行為を信頼した相手方を保護するために、原則として有効となります（民法93条1項本文）。

ただし、相手方が表意者の真意を知り（悪意）、又は知ることができたとき（有過失）は、無効となります（民法93条1項ただし書き）。したがって、肢4は妥当な記述となります。

最後に、肢5です。

「Aが、差押えを免れるためにBと謀って動産をBに譲渡した……」という記述から、虚偽表示ということがわかります。虚偽表示とは、契約の相手方とグルになってウソの契約をすることで、本人に真意がない点は心裡留保と共通し

## 肢5の図解：虚偽表示

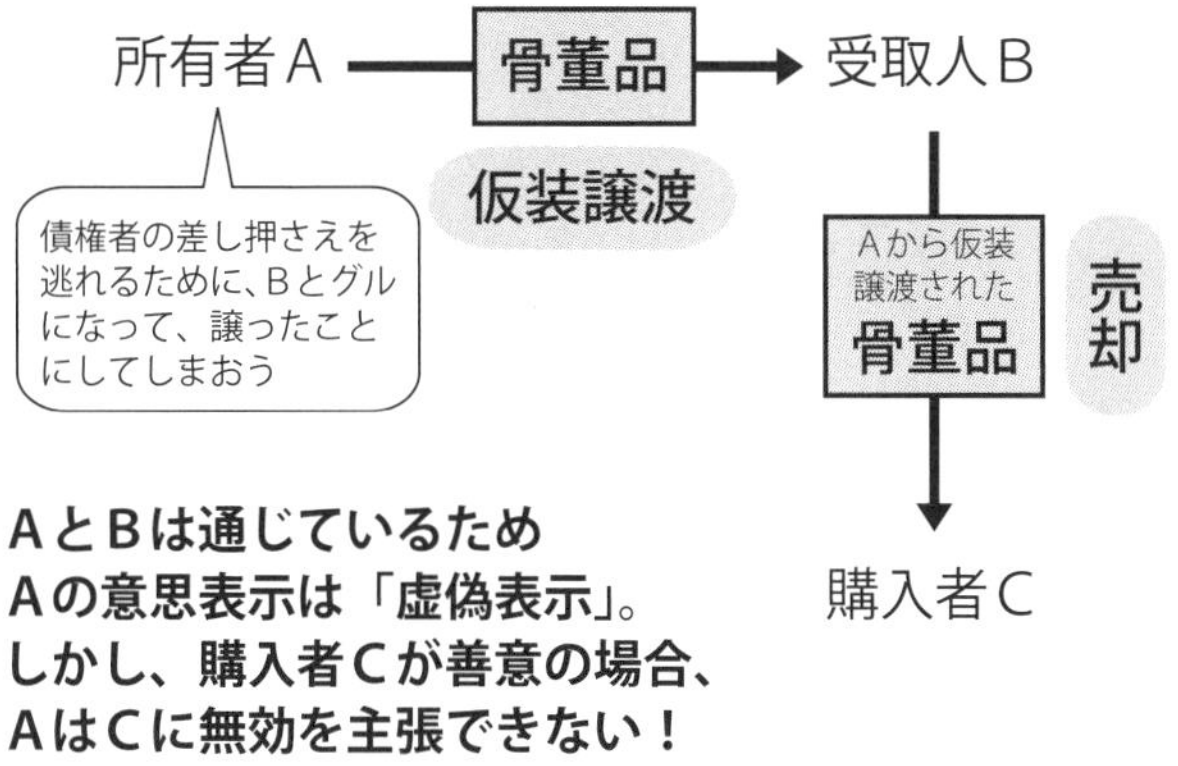
所有者A
骨董品
受取人B
仮装譲渡
債権者の差し押さえを逃れるために、Bとグルになって、譲ったことにしてしまおう
Aから仮装譲渡された骨董品
売却
購入者C
AとBは通じているため
Aの意思表示は「虚偽表示」。
しかし、購入者Cが善意の場合、
AはCに無効を主張できない！

ますが、相手方と通じている点において、心裡留保と異なります。

虚偽表示は無効ですが、その無効を善意の第三者に対抗（主張）することはできません（民法94条）。これは、権利者が虚偽の外観を作り出した場合には、その外観を信頼した第三者を保護し、権利者は善意の第三者に権利を主張できないという趣旨（「権利外観法理」又は「表見法理」）です。

この場合、第三者が保護されるためには善意であれば足り、無過失であることまでは要求されていません。したがって、肢5は妥当ではない記述となります。

本問も、意思表示に関する条文知識があれば、肢4が正解であることがすぐにわかる問題と言えます。

# 7 〔民法〕物権

合格の鉄則

**財産法の双璧の1つ。絶対に避けては通れない「登記」がここで登場！**

## ◎頻出事項は「不動産物権変動の対抗要件」と「抵当権」

「第2編　物権」では、以下のような内容が取り上げられています。

「第1章　総則」……「不動産に関する物権の変動の対抗要件」「動産に関する物権の譲渡の対抗要件」などについて定めています。

「第2章」以下………「占有権」「所有権」「地上権」「永小作権」「地役権」「入会権」「留置権」「先取特権」「質権」「抵当権」の10種類の物権について定めています。

物権からの出題状況は、次ページの図の通りです。

物権に関しては、「物権変動の対抗要件」という重要かつ頻出の問題があります。

## 「物権」で問われることの詳細

| 年度 | 物権からの主な出題内容 |
|---|---|
| 28 | 所有権（共有）、先取特権、根抵当権 |
| 29 | 物権の成立、占有権（占有の承継、占有回収の訴え）、物権的請求権 |
| 30 | 物権変動（相続と登記、仮登記の効力）、物権的請求権、抵当権 |
| 令元 | 動産物権変動、地役権・地上権、質権、所有権（共有－記述式） |
| 令2 | 占有改定、根抵当権、不動産物権変動の対抗要件－記述式 |
| 令3 | 物権的請求権、留置権 |
| 令4 | 占有権、根抵当権 |
| 令5 | 物権変動（取得時効と登記）、譲渡担保 |
| 令6 | 物権変動（相続と登記）、抵当権、先取特権（記述式） |

特に、「不動産物権変動の対抗要件」である「登記」については、民法を学習する上では、避けては通れない道と考えてください。

それでは次ページから、不動産物権変動の対抗要件に関する出題例を見てみましょう。

なお、問題文は民法改正に合わせ、一部変更を加えてあります。

〔平成20年度　問題29改〕

A・Bが不動産取引を行ったところ、その後に、Cがこの不動産についてBと新たな取引関係に入った。この場合のCの立場に関する次の記述のうち、判例に照らし、妥当でないものはどれか。

1　AからBに不動産の売却が行われ、Bはこれをさらに Cに転売したところ、AがBの詐欺を理由に売買契約を取り消した場合に、Cは善意・無過失であれば登記を備えなくても保護される。

2　AからBに不動産の売却が行われた後に、AがBの詐欺を理由に売買契約を取り消したにもかかわらず、Bがこの不動産をCに転売してしまった場合に、Cは善意・無過失であっても登記を備えなければ保護されない。

3　AからBに不動産の売却が行われ、BはこれをさらにCに転売したところ、Bに代金不払いが生じたため、AはBに対し相当の期間を定めて履行を催告したうえで、その売買契約を解除した場合に、Cは善意であれば登記を備えなくても保護される。

4　AからBに不動産の売却が行われたが、Bに代金不払いが生じたため、AはBに対し相当の期間を定めて履行を催告したうえで、その売買契約を解除した場合に、Bから解除

5　後にその不動産を買い受けたCは、善意であっても登記を備えなければ保護されない。
AからBに不動産の売却が行われ、Bはこれをさらに Cに転売したところ、A・Bの取引がA・Bにより合意解除された場合に、Cは善意であっても登記を備えなければ保護されない。

肢1は、不動産がA↓B↓C（Cは取消し前の第三者）と移転した後に、AがBの詐欺を理由に取り消したケースです。このケースは、詐欺による取消しが善意・無過失の第三者に対抗することはできないという、96条3項がそのまま適用されます。96条3項は、「善意・無過失の第三者」とのみ規定し、登記については触れていませんが、判例は対抗要件（登記）まで備える必要はないとしています。したがって、肢1は妥当な記述となります。

肢2は、不動産がA↓Bと移転した後に、AがBの詐欺を理由に取り消し、その後に不動産がB↓C（Cは取消し後の第三者）と移転したケースです。判例はこのケースについて、Bを基点とするAとCへの二重譲渡があったのと同様に解し、登記を先に備えたほうが優先するという見解をとっています。つまり、AとCは、登記を備えなければ相互に権利を主張することができません（民法177条）。したがって、Cは善意・無過失であっても登記を備えなければ保護されないことになり、妥当な記述となります。

肢3は、不動産がA→B→C（Cは解除前の第三者）と移転した後に、AがBの代金不払い（債務不履行）を理由に解除したケースです。民法545条1項ただし書は、解除によって当事者は相互に原状回復義務を負うが、第三者を害することはできない旨を定めています。判例は、解除前の第三者は、善意・悪意にかかわらず民法545条1項ただし書によって保護されるが、第三者が保護されるには登記を要するという見解をとっています。したがって、Cは善意であっても登記を備えなければ保護されないことになり、肢3は妥当ではない記述となります。

肢4は、不動産がA→Bと移転した後に、AがBの代金不払い（債務不履行）を理由に解除し、解除後に不動産がB→C（Cは解除後の第三者）と移転したケースです。判例はこのケースについて、AとCは対抗関係に立ち、登記を先に備えたほうが優先するという見解をとっています。肢2の「取消し」の場合と同様に解することができます。したがって、肢4は妥当な記述となります。

肢5は、肢3と同様、Cが解除前の第三者であるケースですが、解除が債務不履行による解除（法定解除）ではなく、合意解除のケースです。判例は、合意解除の場合にも法定解除の場合と同様、解除前の第三者が保護されるためには登記を要するという見解をとっています。したがって、肢5は妥当な記述となります。

以上のように、不動産取引について取消しや解除をした場合、第三者との権利関係は登記の有無によって決まる場合が多いと言えます。また、不動産を時効や相続によって取得した場合にも、第三者との権利関係は登記によって決められる場合が多いため、登記が必要となるのはどのような場合か、具体的な事例をイメージして学習することが重要です。

ここまで、「不動産物権変動の対抗要件」である「登記」に関する出題例を見てきましたが、ここで「不動産物権変動の対抗要件」が「登記」である旨を定めている民法177条を確認しておきましょう。

民法177条は、「不動産に関する物権の得喪及び変更は、不動産登記法その他の登記に関する法律の定めるところに従いその登記をしなければ、第三者に対抗することができない。」と定めていますが、この「第三者」とはどのような人でしょうか。177条は、単に「第三者」としか定めていないため、その解釈をめぐって争いがありました。

行政書士試験でも、177条の「第三者」の解釈に関する判例について、過去に次のような問題が出題されています。

［平成21年度　問題46］

次の【設問】を読み、【答え】の中の〔　〕に適切な文章を40字程度で記述して、設問に関する解答を完成させなさい。

【設問】

XはA所有の甲建物を購入したが未だ移転登記は行っていない。現在甲建物にはAからこの建物を借り受けたYが居住しているが、A・Y間の賃貸借契約は既に解除されている。XはYに対して建物の明け渡しを求めることができるか。

【答え】

XはYに対して登記なくして自らが所有者であることを主張し、明け渡しを求めることができる。民法177条の規定によれば「不動産に関する物権の得喪及び変更は、不動産登記法その他の登記に関する法律の定めるところに従いその登記をしなければ、第三者に対抗することができない。」とあるところ、判例によれば、同規定中の〔　　〕をいうものと解されている。ところが本件事案では、Yについて、これに該当するとは認められないからである。

民法を少しでも学習した人なら、「不動産物権変動の対抗要件」は「登記」であり、「登記」

がなければ「第三者」に対抗できない、ということは知っています。

本問はあと一歩踏み込んで、「登記」がなければ対抗できない「第三者」とは、どのような人なのかについて聞いています。

判例は、177条の第三者について、「当事者もしくは包括承継人以外で、登記の欠缺《けんけつ》を主張する正当の利益を有する者」という見解をとっています。

一方、177条の第三者に当たらない者として、判例は、「不法占有者」「無権利者」「不動産が転々譲渡された場合の前主と後主の関係にある者」「登記の欠缺を主張することが信義に反すると認められるような背信的悪意者」を挙げています。

また、不動産登記法は、「詐欺又は強迫によって登記の申請を妨げた第三者」や「他人のために登記を申請する義務を負う第三者」も登記がないことを主張できないと定めています。

民法では、条文に規定されていない部分について裁判上の争点となることが多々ありますが、判例は、単に結論だけを覚えるのではなく、判例で示されている条文の解釈や理由付けについても注意する必要があるというわけです。

以上、「不動産物権変動の対抗要件」について、少し詳しく紹介しましたが、行政書士試験では、個別の物権で見ると「抵当権」を中心として、「占有権」「所有権」「先取特権」からの出題が多いと言えます。

民法が定めている物権は前述のように10種類ありますが、試験対策としては、抵当権、占有権、所有権、先取特権を重点的に学習する必要があります。

もっとも、これらの物権以外の物権からも満遍なく出題されているため、決して軽視していいというわけではありません。

最後に、このうちの抵当権に関する具体的な出題例を見ておきましょう。

［平成20年度　問題31］
Aは Bに金銭を貸し付け、この貸金債権を担保するためにB所有の土地の上に建っているB所有の建物に抵当権の設定を受けて、その登記を備えた。この場合に関する次の記述のうち、民法の規定および判例に照らし、誤っているものはどれか。

1　Aの抵当権が実行された場合、抵当権設定時に建物内に置いていたB所有の家電製品のテレビには抵当権の効力は及ばない。

2　抵当権設定時にB所有の土地の登記名義はCであった場合でも、抵当権実行により買受人Dのために法定地上権が成立する。

3　抵当権設定登記後にBが同抵当建物をEに賃貸した場合、BのAに対する債務不履行後に生じた賃料について抵当権の効力が及ぶので、抵当権の実行としてAはこの賃料から優先的に弁済を受けることができる。

4　抵当権設定登記後にBが同抵当建物をFに賃貸した場合、対抗要件を備えた短期の賃貸借であっても、賃借人Fは抵当権実行による買受人Gに対抗できない。

5　抵当権設定登記後にBが同抵当建物をHに賃貸してHがその旨の登記を備えた場合、抵当権実行による買受人Iからの明渡請求に対して、賃借人Hは、明渡しまでの使用の対価を支払うことなく、6ヶ月の明渡猶予期間を与えられる。

肢1は、抵当権の効力が及ぶ目的物の範囲に関する問題です。建物に抵当権が設定された当時の建物内に置いてある、抵当権設定者所有のテレビに抵当権が及ぶかどうかということですが、抵当権は、抵当権の目的である不動産の付加一体物（建物の増築部分など）や、抵当権設定時に存在する従物（母屋に対する倉庫など）には及ぶとしています。しかし、テレビは建物の付加一体物でもなければ、従物でもありません。したがって、建物に対する抵当権の効力はテレビには及ばないことになり、肢1は正しい記述となります。

肢2は、法定地上権の成立要件に関する問題です。法定地上権が成立するためには、①抵当権設定当時に、土地の上に建物があること、②抵当権設定当時に、同一人が土地と建物を所有していること、③土地と建物の一方又は双方に抵当権が設定され、競売の結果、土地と建物の所有者が別々になったこと、という要件を満たす必要があります。これらの要件を満たす限り、土地の登記が他人名義であった場合にも法定地上権が成立するというのが判例です。したがって、肢2も正しい記述です。

肢3は、抵当権の効力は、抵当権の目的である不動産の果実（天然果実・法定果実）に及ぶかどうかという問題です。抵当権は、目的物の使用収益を抵当権設定者に委ねたまま、債務不履行があった場合に目的物を競売にかけ、その競売代金から優先弁済を受けられる点に特徴があります。したがって、抵当権の効力は、本来なら果実には及びませんが、民法は債務不履行があった後に生じた果実については、抵当権の効力が及ぶと定めています。したがって、肢3も正しい記述です。

肢4は、抵当権設定登記後の短期賃貸借の対抗力に関する問題です。かつては、抵当権設定登記後に設定された賃貸借であっても、「短期賃貸借」（土地は5年以下、建物は3年以下）は、抵当権者に損害を与えない限り抵当権者や競落人に対抗できるものとされていました。しかし、「短期賃貸借」が悪用されるケースがあったため、現在では、「短期賃貸借」の保護の制度は廃止されており、抵当権設定登記後に設定された賃貸借は、その期間にかかわらず、原則として抵当権者や競落人に対抗できないとされています。したがって、肢4は正しい記述です。

肢5は、「抵当建物の引渡し猶予制度」に関する問題です。抵当権者に対抗できない賃貸借により、建物を使用収益する者で、競売手続の開始前から使用又は収益をする者など（「抵当建物使用者」と言います）を保護するために設けられたのが「抵当建物の引渡し猶予制度」であり、この制度により、「抵当建物使用者」は、競売による買受人の買受けの時から6ヵ月間、引渡しを猶予されます。ただし、「抵当建物使用者」は、明渡しまでの使用の対価を支払う必要があります。したがって、肢5は誤りの記述です。

本問は、判例の知識が必要な選択肢もありますが、「抵当建物の引渡し猶予制度」に関する条文知識があれば、正解を導き出すことができるでしょう。

# 8

# 〔民法〕債権

合格の鉄則

**行政書士試験で出題数最多。120年ぶりの大改正により要注意。**

**◎頻出事項は「多数当事者の債権債務」「売買」「賃貸借」「不法行為」**

「第三編　債権」は、「第二編　物権」と並んで財産法の中核を占めますが、その範囲は「第二編　物権」よりも広範で、行政書士試験の出題数がもっとも多い分野です。

「第三編　債権」は、一般に「債権総論」と言われる「第一章　総則」と「債権各論」と言われる「第二章　契約」に大きく分けられます。

「第一章　総則」では、「債権の効力」「多数当事者の債権債務」「債権の譲渡」「債権の消滅」などについて定めています。

債権からの出題状況は次ページの通りです。

債権総論では、「多数当事者の債権債務」が複数回出題されています。

## 「債権」で問われることの詳細

| 年度 | 債権からの主な出題内容 |
| --- | --- |
| 27 | 債権総論（債務不履行、弁済の提供、受領遅滞）、債権各論（贈与、不法行為ー損害賠償） |
| 28 | 債権総論（債務不履行、債権者代位権、詐害行為取消権）、債権各論（寄託、特殊の不法行為、売主の担保責任ー記述式） |
| 29 | 債権総論（連帯債務、債権譲渡ー記述式）、債権各論（賃貸借、事務管理、不当利得、不法行為ー記述式） |
| 30 | 債権総論（弁済）、債権各論（使用貸借・賃貸借、不法行為－使用者責任、贈与－記述式） |
| 令元 | 債権各論（賃貸借、委任契約、事務管理、不法行為、第三者のためにする契約ー記述式） |
| 令2 | 債権総論（選択債権、債務引受）、債権各論（同時履行の抗弁権、賃貸借） |
| 令3 | 債権総論（債務不履行、債権者代位権）、債権各論（危険負担、売買、不法行為） |
| 令4 | 債権総論（債務不履行、法定利率、債権者代位権の転用－記述式）、債権各論（契約の解除、賃貸借） |
| 令5 | 債権総論（連帯債務、相殺、受領遅滞）、債権各論（典型契約における契約の解除、損益相殺等、請負人の担保責任－記述式） |
| 令6 | 債権総論（保証、債権者代位権－記述式）、債権各論（売買、組合、不法行為） |

「多数当事者の債権債務」とは、1つの債権又は債務において、当事者の一方又は双方に複数人がいる場合を言います。「多数当事者の債権債務」には、分割債権・分割債務、不可分債権・不可分債務、連帯債権、連帯債務、保証債務、連帯保証などがありますが、なかでも「連帯債務」「保証債務」「連帯保証」の3つの出題頻度が高いと言えます。

債権各論では、売買、賃貸借の他、贈与、請負、委任、不法行為など広く出題されています。また、債権各論では、契約以外においても「不法行為」からの出題も多く、腰を据えた学習が必要となります。

民法全体で見ると、「第三編　債権」からの出題は範囲が広いだけに、択一式問題も記述式問題も、他の分野に比べて圧倒的に多いと言えます。

それでは、債権総論については「多数当事者の債権債務」に関する出題例を見てみましょう。なお、多数当事者の債権債務に関しては、民法改正による変更点が多いため、改正に影響のない選択肢について見ていくことにします。

〔平成20年度　問題33選択肢オ〕

オ　自動車の売買代金３００万円について、A、B、Cの三人が連帯債務を負担する場合において、Aについては制限行為能力を理由に契約の取消しが認められるときには、Aの負担部分については、BおよびCも、その債務を免れる。

連帯債務とは、債務の性質がその性質上可分である場合において、法令の規定又は当事者の意思表示によって数人が連帯して負担する債務をいい、債権者は、全ての債務者に全部の履行を請求し、又は各債務者は、全ての債務者のために債権者に対して履行をすることができるというものです（436条）。

連帯債務において、各債務者は債権者に対し、債務の全部について弁済する義務を負い、各債務は独立性をもつため、連帯債務者の1人について法律行為（契約など）の無効又は取消しの原因があっても、他の連帯債務者の債務は、その効力を妨げられません（437条）。したがって、連帯債務者A、B、CのうちAについて制限行為能力を理由に契約の取消しが認められるときでも、B、Cの債務に影響はありません。

なお、連帯債務者の内部関係において、各債務者が負担すべき債務の割合を「負担部分」といい、特約で定めることもできますが、特約がなければ負担部分は平等とされます。

次も連帯債務についての問題です。

〔平成29年度　問題32選択肢2〕

共同事業を営むAとBは、Cから事業資金の融資を受けるに際して、共に弁済期を1年後としてCに対し連帯して1000万円の貸金債務（以下「本件貸金債務」という。）を負担した（負担部分は2分の1ずつとする。）。この場合、本件貸金債務につき、A・C間の更改により、AがCに対して甲建物を給付する債務に変更した場合、Bは本件貸金債務を免れる。

連帯債務者の1人について生じた事由は、他の連帯債務者に影響を及ぼさないのが原則です。これを「相対効の原則」といいます。ただし、①連帯債務者の1人が弁済（代物弁済を含む）した場合、②連帯債務者の1人との間に更改があった場合（438条）、③連帯債務者の1人が債権者に対する債権で相殺した場合（439条1項）、④連帯債務者の1人との間に混同があった場合（440条）には、他の連帯債務者にも影響を及ぼします。これを絶対効といいます。

本問は、連帯債務者Aについて更改がなされているため、連帯債務者Bも債務を免れます（絶対効）。なお、「更改」とは、従前の債務に代えて、新たな債務を発生させる契約で、①従前の給付の内容について重要な変更をする、②従前の債務者が第三者と交替する、③従前の債権者が第三者と交替するなどを内容とするものをいい、更改によって、従前の債務は消滅します（513条）。

債権各論については、売買、賃貸借、不法行為からの出題が多いといえます。

売買については、民法改正前の「売主の担保責任」からの出題が目に付きますが、「売主の担保責任」は、改正により、その責任の法的性質、用語、概念などに著しい変更がありました。そのため民法改正後においては、過去問はほぼ使用に耐えません。

そこで、賃貸借、不法行為に関する出題例を見ていくことにします。

〔平成24年度　問題33〕

Aは自己所有の甲建物をBに賃貸し（以下、この賃貸借を「本件賃貸借」という。）、その際、BがAに対して敷金（以下、「本件敷金」という。）を交付した。この場合に関する次の記述のうち、民法の規定および判例に照らし、妥当なものはどれか。

1　本件賃貸借において、Bが甲建物のために必要費および有益費を支出した場合、特約がない限り、Bはこれらの費用につき、直ちにAに対して償還請求することができる。

2　BがAの承諾を得て本件賃貸借に基づく賃借権をCに譲渡した場合、特段の事情がない限り、AはBに対して本件敷金を返還しなければならない。

3　BがAの承諾を得て甲建物をDに転貸したが、その後、A・B間の合意により本件賃貸借が解除された場合、B・D間の転貸借が期間満了前であっても、AはDに対して甲建物の明渡しを求めることができる。

4　BがAの承諾を得て甲建物をEに転貸したが、その後、Bの賃料不払いにより本件賃貸借が解除された場合、B・E間の転貸借が期間満了前であれば、AはEに対して甲建物の明渡しを求めることはできない。

5　AがFに甲建物を特段の留保なく売却した場合、甲建物の所有権の移転とともに賃貸人の地位もFに移転するが、現実にFがAから本件敷金の引渡しを受けていないときは、B・F間の賃貸借の終了時にFはBに対して本件敷金の返還義務を負わない。

本問は、賃貸借に関する費用償還の問題（肢1）、敷金返還請求権の承継の問題（肢2）、賃貸借の合意解除の転借人に対する対抗力の問題（肢3）、賃借人の債務不履行による賃貸借解除と転貸借の関係（肢4）、賃貸人の地位の移転に伴う敷金の承継の問題（肢5）など、賃貸借に関する全般的な知識が問われる問題です。

肢1を除いて、民法改正前は判例からの出題でしたが、改正後はそれが明文化されたものです。

それでは、順番に見ていきましょう。

肢1は条文知識を直接訊く問題であり、賃借人は、その支出した「必要費」については「直ちに」、償還請求ができます（608条1項）が、「有益費」については、賃貸人は、「賃貸借終了時」に、その選択により、賃借人の支出した金額又は増価額について償還しなければならないとされています（608条2項本文）。

肢2は、賃貸人の承諾を得て賃借権が旧賃借人から新賃借人に移転された場合でも、敷金に関する権利義務関係は、新賃借人に承継されない（622条の2第1項2号）ので、賃貸人Aは、旧賃借人Bに敷金を返還しなければなりません。したがって、肢2は妥当です。

肢3は、賃貸人と賃借人が賃貸借を合意解除しても、賃貸人は解除をもって転借人に対抗することができません（613条3項本文）。合意解除を転借人に対抗できるとすると、賃貸人と賃借人が謀って、適法な転貸借による転借人を追い出すことも可能となります。したがって、肢3は妥当ではありません。

肢4は、賃借人の債務不履行により賃貸借が解除された場合には、その結果、転貸人としての義務に履行不能を生じ、転貸借は賃貸借の終了と同時に終了します（613条3項ただし書）。したがって、賃貸人Aは転借人Eに明渡しを求めることができ、肢4は妥当でありません。

肢5は、賃貸借存続中に目的不動産の所有権が移転し、新所有者が賃貸人の地位を承継した場合には、旧賃貸人に差し入れられていた敷金は、未払賃料があればこれに当然充当され、残額があればそれについての権利義務が新賃貸人に承継されますが、このことは、新賃貸人が現実に敷金の引渡しを受けていない場合でも同様とされます（605条の2第4項、最判昭44・7・17）。したがって、新賃貸人Fは、賃貸借終了時に、賃借人Bに敷金返還義務を負うことになり、肢5は妥当ではありません。

次に、不法行為の出題例を見てみましょう。

〔平成30年度　問題33〕

Aに雇われているBの運転する車が、Aの事業の執行中に、Cの車と衝突して歩行者Dを負傷させた場合に関する次の記述のうち、民法の規定および判例に照らし、妥当なものはどれか。なお、Aには使用者責任、BおよびCには共同不法行為責任が成立するものとする。

1　AがDに対して損害を全額賠償した場合、Aは、Bに故意または重大な過失があったときに限ってBに対して求償することができる。

2　AがDに対して損害を全額賠償した場合、Aは、損害の公平な分担という見地から均等の割合に限ってCに対して求償することができる。

3　CがDに対して損害を全額賠償した場合、Cは、Bに対してはB・C間の過失の割合によるBの負担部分について求償することができるが、共同不法行為者でないAに対しては求償することができない。

4　Cにも使用者Eがおり、その事業の執行中に起きた衝突事故であった場合に、AがDに対して損害を全額賠償したときは、Aは、AとEがそれぞれ指揮監督するBとCの過失の割合によるCの負担部分についてEに対して求償することができる。

5　BがAのほかFの指揮監督にも服しており、BがAとFの事業の執行中に起きた衝突事故であった場合に、AがDに対して損害を全額賠償したときは、Aは、損害の公平な分担という見地から均等の割合に限ってFに対して求償することができる。

設問文の「Aに雇われているB」という記述から、A・Bは、使用者・被用者の関係にあります。そして、使用者責任の成立を前提に、使用者の被用者に対する求償について訊いています。それでは、順に見ていきましょう。

肢1について、使用者が被害者に対し被用者の加害行為による損害を全額賠償した場合、損害の公平な分担という見地から信義則上相当と認められる限度において、使用者は、被用者に対し求償することができます（最判昭51・7・8、715条3項）。この場合、被用者の故意又は重大な過失があることは要件とされていません。したがって、妥当ではありません。

なお、国家賠償法1条では、公務員が職務を行うにつき、故意又は過失によって違法に他人に損害を加えた場合の国又は公共団体の賠償責任を規定し、当該公務員に「故意又は重大な過失」があったときに限り、当該公務員に対する求償権を認めています。使用者と被用者の関係、国・公共団体と公務員の関係が類似することから、国家賠償法にからめた「ひっかけ問題」ともいえますが、使用者責任における求償については、被用者の故意又は重過失は要件とされていないことに注意しましょう。

肢2について、判例によれば、使用者は、被用者と第三者の共同過失によって惹起された交通事故による損害を賠償したときは、被用者と第三者の過失割合に従って定められる第三者の負担部分について第三者に対して求償権を行使することができます（最判昭41・11・18）。したがって、「均等の割合」とする本肢は、妥当ではありません。

肢3について、判例によれば、被用者と第三者との共同不法行為により他人に損害を加えた場合において、第三者が自己と被用者との過失割合に従つて定められるべき自己の負担部分を超えて被害者に損害を賠償したときは、第三者は、被用者の負担部分について使用者に対し求

## 平成30年度問題33・肢4と肢5の解説

【使用者Aは使用者Eに求償できる（選択肢4）】

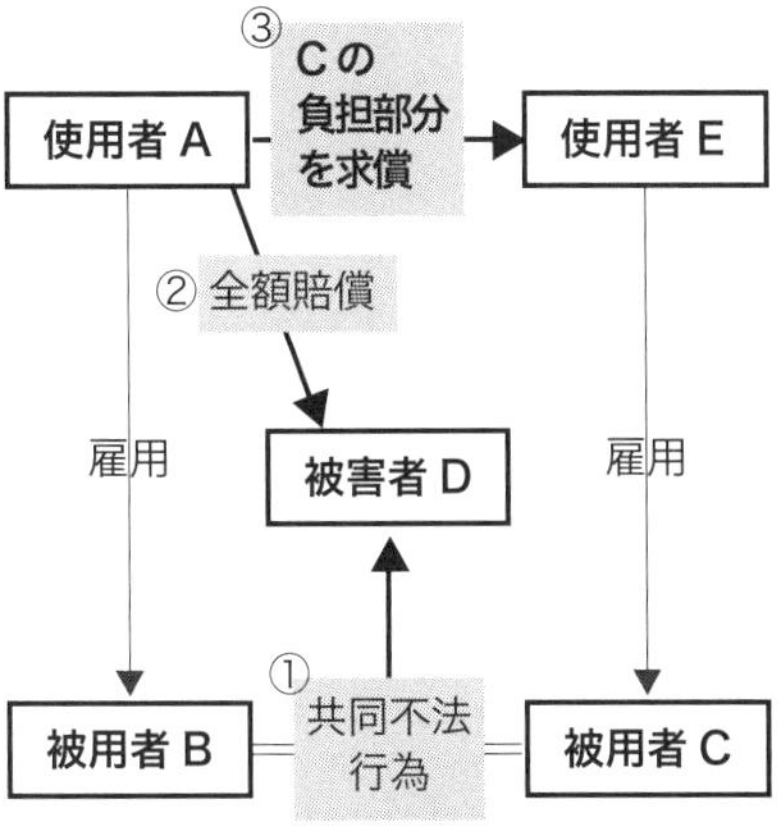


【使用者Aは使用者Fに求償できる（選択肢5）】

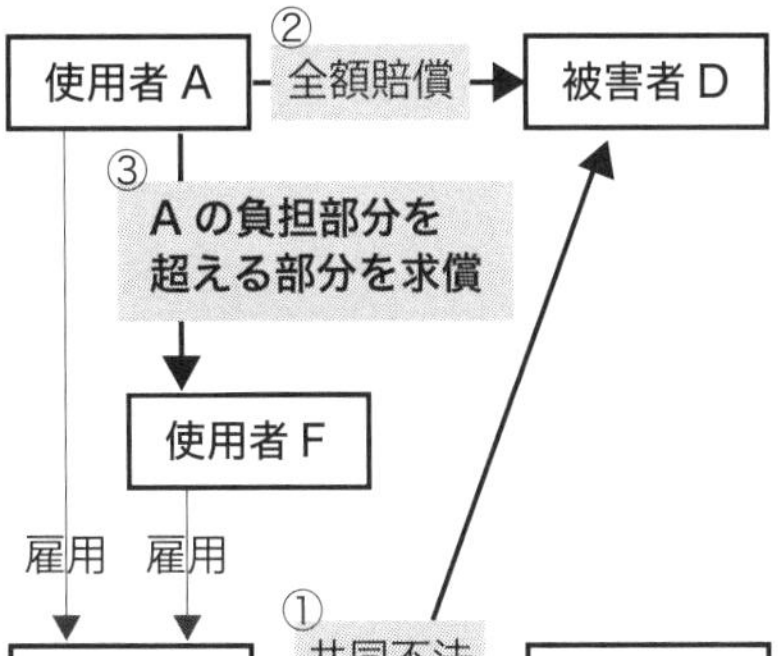

償することができます（最判昭63・7・1）。したがって、Cは、被用者Bの負担部分について使用者Aに対し求償することができ、本肢は妥当ではありません。

肢4について、判例によれば、複数の加害者による共同不法行為につき各使用者が使用者責任を負う場合において、一方の加害者の使用者が当該加害者の過失割合に従って定められる自己の負担部分を超えて損害を賠償したときは、その超える部分につき、他方の加害者の使用者に対し、当該加害者の過失割合に従って定められる負担部分の限度で求償することができます（最判平3・10・25）。したがって、Aは、Cの負担部分についてEに対して求償することができ、本肢は妥当です。

肢5について、判例によれば、一方の加害者を指揮監督する複数の使用者が使用者責任を負う場合において、使用者の一方は、自己の負担部分を超えて損害を賠償したときは、その超える部分につき、使用者の他方に対し、その負担部分の限度で、求償することができます（最判平3・10・25）。したがって、「均等の割合」とする本肢は妥当ではありません。

以上により、本問の答えは「4」となります。

それでは、不法行為に関する記述式の出題例についても見てみましょう。

〔平成23年度　問題46〕

作家Yに雇用されている秘書Aは、Y名義で5万円以下のYの日用品を購入する権限しか付与されていなかったが、Yに無断でXからYのために50万円相当の事務機器を購入した。しかし、Xは、Aに事務機器を購入する権限があるものと信じて取引をし、Yに代金の支払いを請求したところ、Yはその支払いを拒絶した。このようなYの支払い拒絶を不当と考えたXは、Yに対して、支払いの請求、およびそれに代わる請求について検討した。この場合において、Xは、どのような根拠に基づき、いかなる請求をすればよいか。「Xは、Yに対して、」に続けて、考えられる請求内容を二つ、40字程度で記述しなさい。

記述式問題を解く上で注意すべきことは、解答用紙に45字分の記述欄があるため、45字以内で、質問形式に答える形で記述するということです。

この質問形式が重要であり、解答のヒントにもなります。本問で言えば、「Xは、どのような根拠に基づき、いかなる請求をすればよいか。……考えられる請求内容を二つ、40字程度で記述しなさい。」の下線部分です。

したがって、「根拠」と「請求内容」を二つ示して、まとまりのある文にする必要があります。

ここにいう「根拠」とは、条文・判例が挙げられますが、判例は、一般に理由付けの表現が長いため、記述式の根拠のほとんどは、条文となります。

問題文を見ると、「秘書Aは、……5万円以下の日用品を購入する権限しか付与されていなかったが、……無断で50万円相当の事務機器を購入した。」という記述があるので、まず、権限外の行為の表見代理（110条）が思い浮かぶでしょう。したがって、「考えられる請求内容」のうち、一つは、表見代理の成立を根拠に代金の支払請求をするということになります。

考えられる請求内容のもう一つは、問題文冒頭の「雇用されている」という部分がヒントになります。

作家Yと秘書Aは、使用者・被用者の関係にあるということができるため、使用者責任に基づき損害賠償を請求するということが考えられます。

本問は、表見代理と使用者責任という2つの論点が含まれますが、この2つの論点に気づけば、それぞれについて細かく要件を訊くわけでもないので、難易度的にはそれほど高くありません。ただし、このような記述式問題に対応するためには、45字以内で簡潔にポイントを押さえて書く練習をしておく必要があります。書く練習をすることによって、あやふやな知識が明確になります。

ちなみに、行政書士試験センターの正解例は、「表見代理の成立を理由に代金支払請求か、使用者責任に基づき損害賠償請求をする。」（38字）となっています。

# 9

# 〔民法〕親族・相続

合格の鉄則

**出題数は少ない。判例からの出題が多いのが特徴**

## ◎通常は、親族か相続のどちらか1問

「第4編　親族」では、「婚姻」「親子」「親権」「後見」「保佐及び補助」「扶養」などについて定めています。

「第5編　相続」では、「相続」「遺言」「遺留分」などについて定めています。

「第4編　親族」および「第5編　相続」からの出題状況は、次ページの表のようになっています。

「第4編　親族」と「第5編　相続」の出題傾向を見ると、一度の試験において、どちらかで1問が出題されることが多く、民法の他の分野ほど出題数が多いわけではありません。

それでは、225ページから「第4編　親族」の出題例を見ておきます。

## 「親族・相続」で問われることの詳細

| 年度 | 親族・相続からの主な出題内容 |
|---|---|
| 20 | 親族（養子縁組）、相続なし |
| 21 | 親族なし、相続（相続欠格、廃除、遺贈） |
| 22 | 親族（嫡出否認の訴え、親子関係不存在確認の訴え）、<br>相続（相続分、限定承認、遺言） |
| 23 | 親族（後見、扶養）、相続なし |
| 24 | 親族なし、相続（限定承認、相続回復請求権、特別受益者の相続分、<br>欠格事由、遺産分割協議、遺留分減殺請求－記述式） |
| 25 | 親族（婚姻、離婚）、相続なし |
| 26 | 親族（親権－利益相反行為）、相続なし |
| 27 | 親族（婚約・婚姻・離婚、嫡出否認の訴え－記述式）、相続なし |
| 28 | 親族（養子縁組、離婚における財産分与－記述式）、相続なし |
| 29 | 親族なし、相続（遺言） |
| 30 | 親族（離婚、後見）、相続なし |
| 令元 | 親族（氏）、相続なし |
| 令2 | 親族（特別養子制度）、相続なし |
| 令3 | 親族なし、相続（配偶者居住権など） |
| 令4 | 親族なし、相続（相続財産、遺産分割など） |
| 令5 | 親族なし、相続（遺言） |
| 令6 | 親族なし、相続（遺産分割） |

〔平成18年度　問題35〕

Aは、自己が所有する甲建物に居住していたところ、Bと婚姻後においても、同建物にA・Bで同居することになった。この場合に関する次の記述のうち、正しいものはどれか。

1　A・Bが甲建物に関して婚姻の届出前に別段の契約をしなかったときは、甲建物は、A・Bの共有に属するものと推定される。

2　A・Bの婚姻後にAが甲建物を第三者Cに譲渡したときは、Bは、そのA・C間の売買契約を取り消すことができる。

3　A・Bの婚姻後に甲建物について必要な修繕をしたときは、その修繕に要した費用は、A・Bで分担する。

4　A・Bの婚姻後に甲建物内に存するに至った動産は、A・Bの共有に属するものとみなされる。

5　A・Bが離婚をした場合において、AまたはBがその相手方に対して財産の分与を請求することができるときに、その請求権を有する者は、甲建物内に存する動産について先取特権を有する。

本問は、「夫婦財産制」に関する問題です。民法は、夫婦の財産については、夫婦の契約がある場合には契約によることができるとし（契約財産制）、契約がない場合には、民法の規定による（法定財産制）こととしています（民法755条）。

肢1ですが、夫婦の一方が婚姻前から有する財産は、その特有財産（夫婦の一方が単独で有する財産）とされます（民法762条1項）。したがって、肢1は誤りです。

肢2ですが、甲建物はAの特有財産であるので、AがBと婚姻後に甲建物を第三者に譲渡した場合でも、Bはこれを取り消すことができません。肢2も誤りです。

肢3ですが、民法は「婚姻費用」については夫婦が分担するものとしています（民法760条）。居住建物の修繕費は、婚姻から生じる費用ですから、夫婦が分担して負担することになります。したがって、肢3は正しい記述です。

肢4ですが、夫婦のいずれに属するか明らかでない財産は、共有に属するものと「推定」されます（民法762条2項）。「みなされる」という記述が誤っています。

肢5ですが、協議離婚をした者の一方は、相手方に対して財産分与を請求できます（民法768条1項）。しかし、この請求権に動産先取特権は認められていません。

以上により、正解は3となります。

この問題（平成18年度　問題35）は、条文のみで正解がわかる問題ですが、親族に関する問題は判例からの出題が多いのが特徴と言えます。
それでは、判例に関する問題も見てみましょう。

［平成26年度　問題35］
利益相反行為に関する以下の記述のうち、民法の規定および判例に照らし、妥当なものの組合せはどれか。
ア　親権者が、共同相続人である数人の子を代理して遺産分割協議をすることは、その結果、数人の子の間の利害の対立が現実化しない限り、利益相反行為にはあたらない。
イ　親権者である母が、その子の継父が銀行から借り入れを行うにあたり、子の所有の不動産に抵当権を設定する行為は、利益相反行為にあたる。
ウ　親権者が、自己の財産を、子に対して有償で譲渡する行為は当該財産の価額の大小にかかわらず利益相反行為にあたるから、その子の成年に達した後の追認の有無にかかわらず無効である。
エ　親権者が、自らが債務者となって銀行から借り入れを行うにあたって、子の所有名義である土地に抵当権を設定する行為は、当該行為がどのような目的で行なわれたかに関わりなく利益相反行為にあたる。

オ　親権者が、他人の金銭債務について、連帯保証人になるとともに、子を代理して、子を連帯保証人とする契約を締結し、また、親権者と子の共有名義の不動産に抵当権を設定する行為は、利益相反行為にあたる。

1　ア・イ
2　ア・エ
3　イ・ウ
4　ウ・エ
5　エ・オ

設問の「利益相反行為」とは、親権者と親権に服する子の利益が相反する場合（826条1項）と、同一の親権者の親権に服する子が数人いる場合に、その子同士の利益が相反する場合があります（826条2項）。このような場合には、親権者が公正に親権を行使することが期待できないため、親権者は、特別代理人を選任することを家庭裁判所に請求しなければならないとされています。

## 利益相反行為とは？

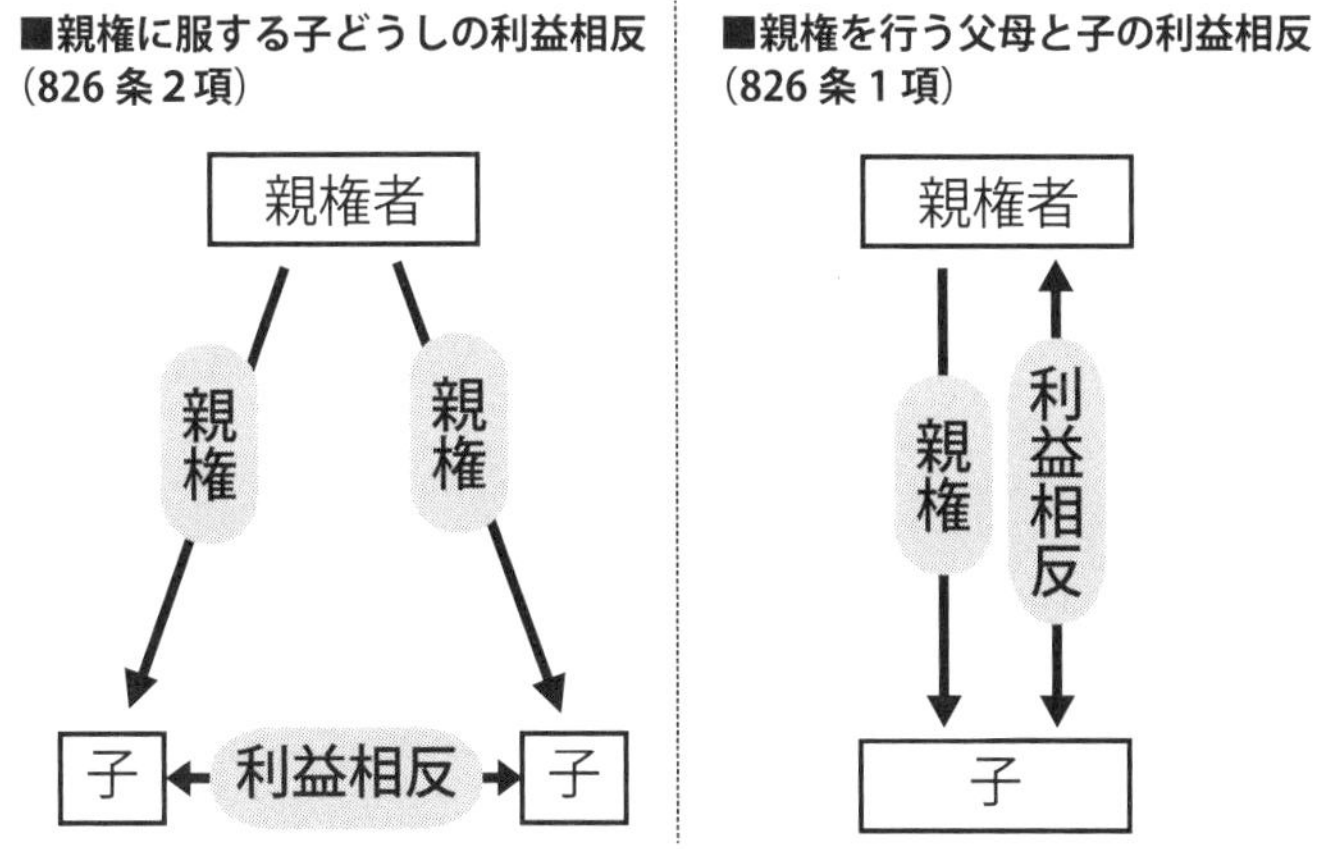


肢アですが、判例は親権者が共同相続人である数人の子を代理して遺産分割協議をすることは、利益相反行為に該当するとしています。したがって、肢アは妥当ではありません。

肢イですが、判例は親権者である母が、その子の継父である夫が金員を借り受けるについて、子の法定代理人として、子を債務者として子名義の不動産に抵当権を設定する行為は、夫のためにしたものであって、母自身の利益のためになされていないため、母と子との間の利益相反行為に該当しないとしています。したがって、肢イも妥当ではありません。

肢ウですが、判例は、親権者と子の間の売買その他の財産の譲渡契約は、自己契約として利益相反行為となるが、子が成年に達した後は、利益相反行為を追認することが可能であるとしています。したがって、「成年に達した後の追認の有無にかかわらず無効」という記述が妥当ではありません。

肢エですが、判例は「親権者自身が金員を借り受けるに当たり、自己の債務につき子の所有不動産の上に抵当権を設定することは、仮に借受金を子の養育費に充当する意図であったとしても、民法826条所定の利益相反する行為にあたるから、子に対しては無効であると解すべきである。」としています。したがって、肢エは妥当な記述です。

肢オですが、判例は第三者の金銭債務について、親権者がみずから連帯保証をするとともに、子の代理人として、同一債務について連帯保証をし、かつ、親権者と子が共有する不動産について抵当権を設定するなどの判示事実関係のもとでは、子のためにされた連帯保証債務負担行為及び抵当権設定行為は、民法826条にいう利益相反行為にあたるとしています。したがって、肢オは妥当な記述です。

以上により、妥当なものはエ・オであり、5が正解となります。

この問題は、選択肢の全てが判例について問うものです。

妥当なものの組合せ問題ですから、手がかりとしては、確実に間違っている肢を見つけて、選択肢を消去していく方法（いわゆる「消去法」）がもっとも現実的です。その場合でも、確実に間違っている肢がわかる程度の判例知識は必要になります。

それでは、次に「相続」の問題を見てみましょう。

［平成19年度　問題35］

Aが死亡した場合の法定相続に関する次のア～オの記述のうち、正しいものの組合せはどれか。

なお、Aの死亡時には、配偶者B、Bとの間の子CおよびAの母Dがいるものとする。

ア　Aの死亡と近接した時にCも死亡したが、CがAの死亡後もなお生存していたことが明らかでない場合には、反対の証明がなされない限り、Aを相続するのはBおよびDである。

イ　Aが死亡した時点でCがまだ胎児であった場合には、Aを相続するのはBおよびDであるが、その後にCが生まれてきたならば、CもBおよびDとともにAを相続する。

ウ　Aにさらに養子Eがいる場合には、Aを相続するのはB、CおよびEであり、Eの相続分はCの相続分に等しい。

エ　Aが自己に対する虐待を理由に家庭裁判所にCの廃除を請求して、家庭裁判所がこれを認めた場合には、たとえCに子Fがいたとしても、FはCを代襲してAの相続人となることはできず、Aを相続するのはBおよびDである。

オ　Cが相続の放棄をした場合において、Cに子Fがいるときには、Aを相続するのはBだけでなく、FもCを代襲してAの相続人となる。

1　ア・ウ
2　ア・エ
3　イ・エ
4　イ・オ
5　ウ・オ

本問は法定相続に関する問題です。この問題を解くには、最低限、相続順位と法定相続分に関する知識が必要です。相続順位に関しては、配偶者は常に相続人となりますが、子（第1順位）、直系尊属（父母、祖父母など／第2順位）、兄弟姉妹（第3順位）は順位が異なるので、先順位の者がいるときは、後順位の者が同時に相続人となることはないことに注意しましょう。

肢アですが、数人の者が死亡した場合に、それらの死亡の前後が明らかでないときは、同時に死亡したものと推定されます（民法32条の2）。同時死亡の推定を受ける者の間では相続は

## 「平成19年度 問題35」関係図

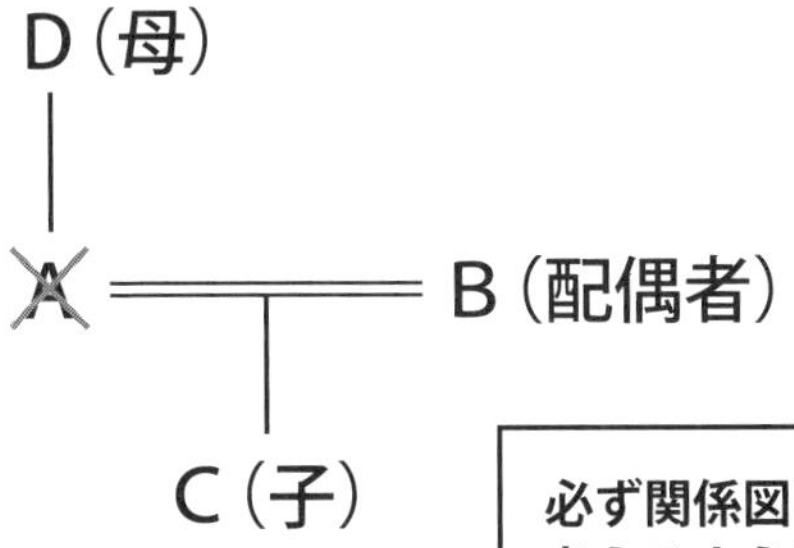


**必ず関係図を書いてから考えるようにしよう**

生じません。相続の第1順位は子ですが（民法887条1項）、民法887条の規定により相続人となるべき者がない場合は、被相続人の直系尊属であるDが次順位として相続人となります（民法889条1項1号）。また、配偶者は常に相続人となります（民法890条）。したがって、B及びDがAを相続することになり、肢アは正しい記述です。

肢イですが、胎児は相続についてはすでに生まれたものとみなされます（民法886条1項）。判例は、生きて生まれることを停止条件として、権利能力が相続開始時に遡及して認められるという見解をとっています。判例の考え方によれば、胎児の間は権利能力が認められないので、配偶者及び直系尊属が相続人となりますが、胎児が生きて生まれたときは、配偶者及び子が相続人となり、直系尊属は相続人となりません。したがって、Cが生きて生まれたときは、B及びCが相続人となり、Dは相続人とならないので、肢イは誤りです。

肢ウですが、相続の第1順位は子であり（民法887条1項）、配偶者は常に相続人となります（民法890条）。配偶者B、子C及び子EがAを相続します。また、養子の相続分は嫡出子の相続分と同じです（民法900条4号）。したがって、肢ウは正しい記述です。

肢エですが、被相続人の子が相続の開始以前に死亡したとき、又は相続の欠格事由に該当し、もしくは廃除によって、その相続権を失ったときは、その者の子が代襲《だいしゅう》して相続人となります（民法887条2項本文）。Cが廃除によって相続権を失うと、FがCを代襲相続します。したがって、B及びFがAを相続することになり、肢エは誤りとなります。

肢オですが、相続の放棄は代襲原因とはなりません（民法887条）。したがって、FがCを代襲してAを相続することはないため、肢オは誤りです。

以上により、正しいものの組合せはア・ウとなり、1が正解となります。

上記の問題は、登場人物がAからFまでいるため、一見すると難しそうですが、相続順位と法定相続分を知っていれば、比較的簡単に正解がわかる問題です。ただし、被相続人との続柄を取り違えないように、必ず関係図を書いて考えるクセをつけましょう。

# 10 テーマ別学習、類似する制度の学習

合格の鉄則
**民法が一通り理解できたら、「複合問題」に慣れていこう**

## ◎複数のカテゴリーにまたがる問題もある

一通り民法の学習を済ませた後（親族・相続を除く）は、テーマ別学習や類似する制度を学習することによって、横断的な問題（複合問題）に対応できるようにしていきましょう。テーマ別学習、類似する制度の学習は、択一式、記述式の両方に有効です。

### ①テーマ別学習

テーマ別の学習とは何のことかと思われるかもしれませんが、民法で出題される問題の1つひとつは、「第一編　総則」～「第五編　相続」までのどこかにスッキリ収まるとは限りません。例えば「登記」をテーマにして、横断的に「取消しと登記」「解除と登記」「時効と登記」「相続と登記」について聞かれる場合があります。

そこで、テーマごとに学習することによって、分野横断的な理解を深めることができます。テーマごとの学習としては、以下のようなものを挙げることができます。

①「費用の支出とその償還」について民法にはどのような規定があるか。

占有者による費用の償還請求（196条1項）、抵当権等がある場合の買主による費用の償還請求（570条）、買戻しの実行（583条2項）、受任者による費用等の償還請求（650条1項）、受寄者が支出した費用の償還（664条の2第1項）、管理者による費用の償還請求等（702条1項）など

②「善良な管理者の注意義務（善管注意義務）」が要求される場合と「自己の財産におけるのと同一の注意義務」が要求される場合として、どのような規定があるか。

「善良な管理者の注意義務」とは、職業や社会的地位に応じて取引上要求される抽象的・一般的な注意義務をいい、特定物の引渡しの場合の注意義務（400条）、受任者の注意義務（644条）がある。

「自己の財産における（対する）のと同一の注意義務」とは、「善良な管理者の注意義務」より軽減された、自己の財産を管理するに当たって用いる程度の注意義務をいい、無報酬の受寄者の注意義務（659条）などがある。

③「権利外観理論（真実に反する外観を作り出した者は、その外観を信頼した者に責任を負わなければならないという理論）」に基づく規定として、民法にはどのような規定があるか。
心裡留保（93条2項）、虚偽表示（94条2項）、表見代理の規定（109条、110条、112条）など

## ②類似する制度

類似する制度を比較整理することによっても、理解を深めることができます。類似する制度としては、以下のようなものがあります。

①「行為能力」「意思能力」「責任能力」
②「代理」と「使者」を比較整理する
③「時効期間」と「除斥期間」
④「時効の更新」と「時効の完成猶予」
⑤「公示の原則」と「公信の原則」
⑥「留置権」と「同時履行の抗弁権」
⑦「抵当権消滅請求」と「代価弁済」

③の除斥期間とは、消滅時効と異なり、時効の更新や時効の完成猶予が認められず、期間の経過によって権利が当然に消滅するというものですが、従来、除斥期間と解されてきた改正前の不法行為による損害賠償請求権の期間「20年」（旧724条後段）のように、改正により、時効期間（724条2号）に変更されたものもあります。

# 11

# 「憲法」の全体像を押さえよう

合格の鉄則

「行政法」の基礎となる部分を集中的に学習する

**◎近年、ジワジワと難易度が上がっているが……**

行政書士試験で出題される憲法は、以下の3つに分けることができます。

- **憲法の歴史、憲法の特質、憲法の基本原理といった「憲法総論」と言われる部分**
- **国民の基本的人権について定めた「人権」**
- **国会、内閣、裁判所といった国家統治について定めた「統治」**

このなかで、とりわけ「人権」は範囲が広範であり、検討すべき判例も多いことから、しっかり準備をしないと対応できません。

とはいえ、「非常識合格法」の考え方からすると、憲法は行政法の基礎となる部分を集中的に学習し、その他の分野は「ほどほどに学習」しておいたほうがバランスがよいと言えます。あくまで参考程度に見ていくとよいでしょう。

憲法は、択一式問題が5問、文章（主に判例）の空欄にあてはまる語句を選ぶ多肢選択式問題が1問出題されます。

択一式問題と多肢選択式問題とで異なる対策が必要となるわけではありませんが、近年の問題は、判例の結論や学説を暗記するだけでは、正解を見つけるのが困難になりつつあります。例えば、選択肢ごとに憲法上の争点となっている見解を示し、他と異なる見解を選ばせる問題など、その場で考えさせる問題が増えています。

また、以前は判例について、その要旨を学習すれば対策として十分でしたが、近年の判例学習は、その要旨だけでなく、「補足意見」などについても注意を払う必要があります。最高裁では、裁判の内容、結果について記載した裁判書《さいばんがき》に各裁判官の意見を表示しなければならないとされていますが、このとき、多数意見に加わった裁判官が多数意見に補足して自己の意見を述べたものを「補足意見」と言います。

左ページの表に、近年の憲法の出題分野を挙げておきます。

## 憲法の出題分野表

| 年度 | 憲法総論 | 人権 | 統治 |
|---|---|---|---|
| 28年 | なし | 択（幸福追求権、信教の自由、法の下の平等）<br>多（表現の自由） | 択（裁判官の国民審査、国会の議決） |
| 29年 | 択（憲法の概念） | 択（人権の享有主体、財産権）<br>多（表現の自由） | 択（内閣、予算） |
| 30年 | なし | 択（学問の自由、生存権、選挙に関する原則）<br>多（公務員の政治的自由） | 択（天皇、最高法規） |
| 令和元年 | なし | 択（法の下の平等、選挙権・被選挙権、学問の自由、表現の自由）<br>多（表現の自由） | 択（議員の地位、裁判官の身分保障） |
| 令和2年 | なし | 択（特別の法律関係、表現の自由）<br>多（労働組合の統制権） | 択（議院の自律権、衆議院の解散、憲法訴訟） |
| 令和3年 | なし | 択（幸福追求権、損失補償、信教の自由） | 択（国会）<br>多（裁判員制度） |
| 令和4年 | なし | 択（表現の自由、職業選択の自由、適正手続） | 択（内閣の権限、裁判の公開）<br>多（法律上の争訟） |
| 令和5年 | なし | 択（基本的人権の制約、国務請求権）<br>多（表現の自由） | 択（国会議員・裁判官の罷免・解職、国政調査権、財政） |
| 令和6年 | なし | 択（幸福追求権、表現の自由、教育権、選挙制度）<br>多（法の下の平等） | 択（国会議員の地位） |

※「択」は５肢択一式問題、「多」は多肢選択式問題

択一式問題のなかには、選択肢が「総論」「人権」「統治」にまたがる問題もあり、必ずしも3つのどれかに分類できないものもあります。そのため、ここに挙げた出題分野表も一応の目安と考えてください。

それでは、上記の出題傾向に基づいて、順番に確認していきましょう。

# 12 〈憲法〉憲法総論

合格の鉄則

**出題は少なめ。その場で考えさせる問題が出る！**

## ◎理解度が問われるのが特徴

出題分野表からわかるように、憲法総論からの出題は少ないものの、その場で考えさせる問題が出題されています。

具体的な出題例を見てみましょう。

［平成21年度　問題3］

次の文章のうち、そこで想定される「実質的意味の憲法」の理解の仕方が、憲法学における伝統的な分類に従えば、他とは異なっているものはどれか。

1　権利の保障が確保されず、権力の分立がなされていない社会は、憲法をもっているとはいえない。

2　固有の意味での憲法を論ずるには、古代憲法、中世憲法、近代憲法、現代憲法の順で、社会の基本構造を歴史的に叙述する必要がある。

3　日本の憲法の歴史は、大日本帝国憲法の制定につながる、西洋諸国に対する「開国」を出発点として、叙述されなくてはならない。

4　近代立憲主義が定着したフランス第三共和制においては、その体制の基本を定める法律を「憲法的」と形容して、憲法的法律と呼んでいた。

5　絶対君主制とは区別された意味での立憲君主制が、19世紀ヨーロッパの憲法体制では広く普及し、明治時代の日本もこれにならった。

設問に「実質的意味の憲法」という記述があるので、その内容を知らなくても、これと対比されるのが「形式的意味の憲法」ということは推測されます。

それでは「形式的」という言葉からは、どのような内容が想像されるでしょうか？　個々の条文が集まった「憲法的」であることが何となく想像できるのではないでしょうか。「形式的意味の憲法」とは、「日本国憲法」のような「憲法典」を意味します。

そこで、本題の「実質的意味の憲法」の内容ですが、肢1を見ると、「権利の保障が確保されず、権力の分立がなされていない社会は、憲法をもっているとはいえない。」とあります。

これは、「形式的意味の憲法」の対極にある「実質的意味の憲法」であることを意味します。

ここで、「実質的意味の憲法」について触れておきますと、「実質的意味の憲法」には、2つのものがあると言われています。

1つは、国家統治の基本に関する規範を定めた「固有の意味の憲法」であり、もう1つは、国家権力を制限して国民の権利を保障しようとする「立憲的意味の憲法」です。「立憲的意味の憲法」は、権力の行使は憲法に基づいて行われなければならないという「立憲主義思想」に基づいています。

歴史的には、18世紀末の近代市民革命期に主張されたため、「立憲的意味の憲法」は「近代的意味の憲法」とも言われます。「立憲的意味の憲法」(近代的意味の憲法)は、憲法を学習するにあたってとても重要ですから、覚えておきましょう。

設問に戻りますと、肢2だけが「固有の意味の憲法」に関する記述であり、肢2以外は、すべて「立憲的意味の憲法」に関する記述です。したがって、正解は肢2となります。

# 13

## 〔憲法〕人権

合格の鉄則

**学習に時間がかかるテーマ。ほどほどで見切るのも大事**

### ◎「個別の人権」に留まらない深い理解が求められる

「人権」の分野は、個別の条文に関する学説、判例が豊富であり、憲法の学習ではもっとも時間がかかる分野です（あくまでもほどほどに）。

それでは、具体的な出題例を見てみましょう。

［平成22年度　問題5］
表現の自由の保障根拠に関する次の記述のうち、他と異なる考え方に立脚しているものはどれか。
1　広告のような営利的な表現活動もまた、国民一般が消費者として様々な情報を受け取ることの重要性に鑑み、表現の自由の保護が及ぶものの、その場合でも保障の程度は民主主義に不可欠な政治的言論の自由よりも低い、とする説がある。

2 知る権利は、「国家からの自由」という伝統的な自由権であるが、それにとどまらず、参政権（「国家への自由」）的な役割を演ずる。個人は様々な事実や意見を知ることによって、はじめて政治に有効に参加することができるからである。

3 表現の自由を規制する立法の合憲性は、経済的自由を規制する立法の合憲性と同等の基準によって審査されなければならない、とする説が存在するが、その根拠は個人の自律にとっては経済活動も表現活動も同等な重要性を有するためである。

4 名誉毀損的表現であっても、それが公共の利害に関する事実について公益を図る目的でなされた場合には、それが真実であるか、真実であると信じたことに相当の理由があるときは処罰されないが、これは政治的な言論を特に強く保護する趣旨と解される。

5 報道機関の報道の自由は、民主主義社会において、国民が国政に関与するために重要な判断の資料を提供し、国民の知る権利に奉仕するものであり、表現の自由の保障内容に含まれる。

表現の自由は、思想及び良心の自由、信教の自由、学問の自由などと同じ「精神的自由」に分類されます。

表現の自由が保障される根拠が問題となっていますが、表現の自由が保障される根拠は、表現の自由を支える2つの価値に基づくと考えられています。

1つは、個人が言論活動を通じて自己の人格を発展させるという個人的な価値（自己実現の価値）であり、もう1つが、言論活動によって国民が政治的意思決定に関与するという民主政に資する社会的な価値（自己統治の価値）です。

設問に戻りますと、肢3は、「個人の自律にとっては経済活動も表現活動も同等な重要性を有する」という記述から、「自己実現の価値」に関する考え方であることがわかります。肢3以外は、すべて「自己統治の価値」に関する考え方となっています。したがって、正解は肢3となります。

精神的自由のなかでも、表現の自由に関する判例については、過去にたくさん出題されています。ただ、近年は上記の問題のように、個別の人権についてより深い理解が必要とされる問題が増えています。

# 14 〔憲法〕統治

合格の鉄則

## 条文の知識が問われる比重が高い

### ◎さまざまな知識が満遍なく出題される

統治に関する問題は、国会、内閣、司法、財政など満遍なく出題されていますが、人権に比べて条文知識を問う傾向が強いと言えるでしょう。

もちろん、人権についても条文が出発点であることに変わりはないのですが、試験対策として見た場合、統治に関しては条文の比重が高いということは頭の隅に入れておきましょう。

非常識合格法としては、「内閣」「司法」「地方自治」を優先して学習することになります。

ここでは、「国会」の出題例を見てみます。

［平成21年度　問題7］

衆議院と参議院の議決に一致がみられない状況において、クローズアップされてくるのが両院協議会の存在である。日本国憲法の定めによると、両院協議会を必ずしも開かなくてもよいとされている場合は、次のうちどれか。

1　衆議院が先議した予算について参議院が異なった議決を行った場合
2　内閣総理大臣の指名について衆参両院が異なった議決を行った場合
3　衆議院で可決された法律案を参議院が否決した場合
4　衆議院が承認した条約を参議院が承認しない場合
5　参議院が承認した条約を衆議院が承認しない場合

「両院協議会」というのは、法律案、予算、条約の承認、内閣総理大臣の指名について、両議院の議決が異なったときに、必要的に、又は任意に開催される、各議院で選挙された委員で組織される委員会のことです。

肢1ですが、衆議院が先議した予算について、参議院が衆議院と異なった議決を行った場合、必ず両院協議会を開催しなければならないとされています（憲法60条2項）。

肢2ですが、内閣総理大臣の指名について衆参両院が異なった議決を行った場合、必ず両院協議会を開催しなければならないとされています（憲法67条2項）。

肢3ですが、衆議院で可決された法律案を参議院が否決した場合、衆議院は、両院協議会の開催を「求めることができる」とされています（憲法59条3項）。

肢4ですが、衆議院が承認した条約を参議院が承認しない場合、必ず両院協議会を開催しなければならないとされています（憲法61条、60条2項）。

肢5ですが、参議院が承認した条約を衆議院が承認しない場合、必ず両院協議会を開催しなければならないとされています（憲法61条、60条2項）。

以上により、正解は肢3となります。

# 15 基礎法学

合格の鉄則

**「法令用語」「法の効力」「裁判制度」は必ず準備しておく**

## ◎範囲は広いが、やるべきことは決まっている

基礎法学からは択一式問題が2問出題されます。基礎法学は範囲が広く、つかみどころがない分野ですが、必ず準備しておかなければならないのが次の3分野です。

「法令用語」
「法の効力」
「裁判制度」

近年の基礎法学の出題分野をまとめると次ページの表のようになります。

## 「基礎法学」で問われることの詳細

| 年度 | 基礎法学からの出題内容 |
|---|---|
| 21 | 法令相互の関係（一般法、特別法、前法、後法）、違憲審査権、日本司法支援センター（法テラス） |
| 22 | 法令用語、大陸法系と英米法系 |
| 23 | 法の適用に関する属地主義・属人主義、法令の適用範囲および効力（地方自治特別法、限時法）、わが国の裁判制度 |
| 24 | 法源としての「判例」、判例法、法令用語 |
| 25 | 法の解釈（文理解釈と論理解釈）、司法制度改革（検察審査会、日本司法支援センター（法テラス）など） |
| 26 | 日本の法制史（行政事件訴訟法、成年後見制度、裁判員制度など）、法令用語 |
| 27 | 第二次世界大戦後に日本で生じた法変動、判決・決定・命令 |
| 28 | 裁判員制度、法律の形式（条・項） |
| 29 | 犯罪理論（罪刑法定主義）、法思想等（法実証主義、自然法） |
| 30 | 法の歴史、法令用語 |
| 令元 | 法の歴史、裁判制度 |
| 令2 | 裁判外の紛争処理手続、裁判所 |
| 令3 | 法の効力、刑罰論 |
| 令4 | 裁判、法令用語 |
| 令5 | 裁判、法人等 |
| 令6 | 法の支配、訴訟手続 |

まず、基礎法学のなかで、もっとも出題頻度の高い、法令用語に関する出題例を見てみましょう。

〔平成26年度　問題2〕

法令における通常の用語法等に関する次の記述のうち、妥当でないものはどれか。

1　「及び」と「並びに」は、いずれもその前後の語句を並列させる接続語であり、並列される語句に段階がある場合には、一番小さな並列的連結にだけ「及び」を用い、他の大きな並列的連結には全て「並びに」を用いる。

2　「又は」と「若しくは」は、いずれも前後の語句を選択的に連結する接続語であり、選択される語句に段階がある場合には、一番大きな選択的連結にだけ「又は」を用い、他の小さな選択的連結には全て「若しくは」を用いる。

3　法令に「A、Bその他のX」とある場合には、AとBは、Xの例示としてXに包含され、「C、Dその他Y」とある場合は、C、D、Yは、並列の関係にある。

4　法令に「適用する」とある場合は、その規定が本来の目的としている対象に対して当該規定を適用することを意味し、「準用する」とある場合は、他の事象に関する規定を、それに類似する事象について必要な修正を加えて適用することを意味する。なお、解釈により準用と同じことを行う場合、それは「類推適用」と言われる。

5 「遅滞なく」、「直ちに」、「速やかに」のうち、時間的即時性が最も強いのは「直ちに」であり、その次が「遅滞なく」である。これらのうち、時間的即時性が最も弱いのは「速やかに」である。

ここでは、法令用語の用法として妥当ではないものを探すわけですが、1つの肢を除いて、残りは妥当な内容であるので、難易度的にはそれほど難しい問題ではありません。

肢5は、時間的即時性が最も強いのは「直ちに」であり、その次は「速やかに」となります。時間的即時性が最も弱いのは「遅滞なく」です。したがって、肢5が妥当ではなく、正解となります。

次に、わが国の裁判制度に関する出題例を見てみましょう。

［平成23年度　問題2］

わが国の裁判制度に関する次の記述のうち、妥当なものはどれか。

1 わが国の裁判制度は、三審制を採用していることから、高等裁判所が第一審裁判所になることはない。

2　民事訴訟または刑事訴訟のいずれであっても、第一審裁判所が簡易裁判所である場合には、控訴裁判所は地方裁判所となり、上告裁判所は高等裁判所となる。

3　裁判官が合議制により裁判を行う場合には、最高裁判所の裁判を除いて、裁判官の意見が一致しないときであっても、少数意見を付すことはできない。

4　刑事訴訟においては、有罪判決が確定した場合であっても、あらたに証拠が発見されるなど重大な理由があるときには、有罪判決を受けた者の利益のために再審を行うことができるが、民事訴訟においては、再審の制度は認められていない。

5　家庭裁判所は、家庭に関する事件の審判および調停ならびに少年保護事件の審判など、民事訴訟や刑事訴訟になじまない事件について権限を有するものとされ、訴訟事件は取り扱わない。

これは妥当なものを選ばせる問題であり、1つを除いて残りは妥当ではない内容なので、先に挙げた問題（平成26年度　問題2）より、難易度の高い問題と言えます。

肢1ですが、刑事訴訟では、内乱に関する罪（刑法77条～79条）は高等裁判所が第一審裁判所となります（裁判所法16条4号）。したがって、肢1は妥当ではありません。

肢2ですが、民事訴訟では第一審裁判所が簡易裁判所である場合は、控訴裁判所は地方裁判所となり（裁判所法24条3号、4号）、刑事訴訟では第一審裁判所が簡易裁判所である場合には、控訴裁判所は「高等裁判所」となります（裁判所法16条1号、2号）。したがって、肢2も妥当ではありません。

肢3ですが、裁判所法は最高裁判所についてのみ、各裁判官の意見を付さなければならないことを定めています（裁判所法11条）。しかし、合議体でする裁判の評議は公開しないのが原則であり、各裁判官の意見等については、秘密を守らなければならないとされています（裁判所法75条）。したがって、下級裁判所の裁判においては、少数意見を付すことはできません。したがって、肢3は妥当な記述です。

肢4ですが、民事訴訟においても、確定判決に重大な瑕疵がある等の再審事由がある場合には、再審の訴えをもって、不服を申し立てることができます（民事訴訟法338条1項本文）。したがって、肢4は妥当ではありません。

肢5ですが、家庭裁判所は家庭に関する事件の審判及び調停、少年の保護事件の審判、「人事訴訟の第一審の裁判」をする権限を有し（裁判所法31条の3第1項2号）、訴訟事件も取り扱います。したがって、肢5も妥当ではありません。

以上により、肢3が妥当であり、正解となります。

# 16 商法と会社法

合格の鉄則

**範囲が広い上に出題は少なめ。深追いは禁物です**

## ◎学習の優先順位は低くても大丈夫

商法は、民法の特別法ですので、学習する上ではまず、商法の適用範囲を明らかにしなければなりません。

商法は、「商人の営業」と「商行為その他の商事」について適用されます（商法1条1項）。

そこで、「商人」とは何か、「商行為」とは何かということを、まず理解することが大切です。

また、商人の活動を助ける「支配人」や「代理商」などについても出題されます。

商法の適用範囲を学習すると、民法で学習する「財産法」での考え方が、どのように修正されるかについても理解できます。

以上を踏まえて、出題傾向を見てみましょう。

## 商法の出題分野表

| 年度 | 内容 |
|---|---|
| 28 | 商法の適用 |
| 29 | 商人・商行為 |
| 30 | 商人・商行為 |
| 令元 | 商行為 |
| 令2 | 運送営業 |
| 令3 | 商行為 |
| 令4 | 営業譲渡 |
| 令5 | 商行為 |
| 令6 | 匿名組合 |

民法の規定が、商法ではどのような修正が加えられて適用されるかという「商人・商行為」からの出題が目立ちます。

この商人・商行為は、民法の学習をした後であれば理解しやすい内容と言えますので、民法の復習を兼ねて学習することも一考です。ただし、非常識合格法の観点からすると、毎年択一式が1問程度しか出題されない分野について学習するのは非効率だと思います。あまり深追いをするのは禁物です。

次に会社法の傾向と対策です。

会社法は、例年4問が出題されますが、条文数は民法に匹敵するほど多く、さらに判例からの出題も結構あるため、法令等のなかでは一番対策に苦慮する科目と言えます。

## 会社法の出題分野表

| 年度 | 内　容 |
|---|---|
| 28 | 株式会社の設立、株式、監査等委員会設置会社・指名委員会等設置会社、合名会社・合資会社 |
| 29 | 株式会社の設立、発行済株式の総数の増減、取締役会の報酬等、全ての株式会社に共有する内容 |
| 30 | 株式会社の設立、譲渡制限株式、社外取締役、剰余金の配当 |
| 令元 | 株式会社の設立、株主の権利、取締役会、取締役会非設置会社 |
| 令2 | 株式会社の設立、自己株式、株主総会、公開会社・大会社 |
| 令3 | 株式会社の設立、株式の質入れ、社外取締役・社外監査役、剰余金の配当 |
| 令4 | 株式会社の設立、株式、株主総会、会計参与 |
| 令5 | 株式会社の設立、種類株式、役員等の責任、会計参与・会計監査人 |
| 令6 | 株主の議決権、監査等委員会設置会社、株式交換、会社訴訟 |

出題傾向を見てみましょう。

行政書士の業務に関連する「株式会社の設立」や「(代表)取締役」などの出題が目立つようですが、これといった明確な出題傾向が見受けられるわけではありません。ですから、もしきっちりとした対応をするのであれば、民法並みの学習量が必要になるでしょう。

ということは、非常識合格法の観点からすると、商法以上に、深追いをするのは禁物ということになるわけです。

とはいえ、一応次ページで、取締役に関する出題例を見ておくことにしましょう。

〔平成25年度　問題39（法改正により一部改訂）〕

取締役会設置会社（監査等委員会設置会社又は指名委員会等設置会社を除く。）と取締役との間の取引等に関する次のア〜オの記述のうち、会社法の規定に照らし、妥当でないものはいくつあるか。

ア　取締役が自己または第三者のために会社と取引をしようとするときには、その取引について重要な事実を開示して、取締役会の承認を受けなければならない。

イ　取締役が会社から受ける報酬等の額、報酬等の具体的な算定方法または報酬等の具体的な内容については、定款に当該事項の定めがある場合を除き、会社の業務執行に係る事項として取締役会の決定で足り、株主総会の決議は要しない。

ウ　会社が取締役の債務を保証することその他取締役以外の者との間において会社と当該取締役との利益が相反する取引をしようとするときには、その取引について重要な事実を開示して、取締役会の承認を受けなければならない。

エ　取締役が会社に対し、または会社が取締役に対して訴えを提起する場合には、監査役設置会社においては監査役が会社を代表し、監査役設置会社でない会社においては会計参与が会社を代表する。

オ　取締役が自己または第三者のために会社の事業の部類に属する取引をしようとするとき

には、その取引について重要な事実を開示して、取締役会の承認を受けなければならない。

1　一つ
2　二つ
3　三つ
4　四つ
5　五つ

まずは肢アについて取締役が自己または第三者のために会社と取引をしようとするときには、その取引について重要な事実を開示して、取締役会設置会社の場合には、取締役会の承認を受けなければなりません。

このような取締役の行為のことを「利益相反取引の直接取引」と言います。利益相反取引について取締役会の承認を受ける必要があるのは、会社の利益を犠牲にすることにより、自己や第三者の利益を図ってしまう可能性が大きくなるからです。したがって、肢アは妥当です。

肢イについては、取締役の報酬等に関する具体的な内容について定款に定めていないときは、「株主総会の決議」によってその定めをします。これは、取締役が自分の報酬を自分で決めてしまうと、いわゆるお手盛りを許してしまうことになるからです。本肢のように取締役会の決議では定めることができませんので、本肢は妥当ではありません。

肢ウについて、会社が取締役の債務を保証すること、その他取締役以外の者との間において会社と当該取締役との利益が相反する取引をしようとするときには、その取引について重要な事実を開示して、取締役会設置会社においては、取締役会の承認を受けなければなりません。本肢のような取締役の行為を「利益相反取引の間接取引」と言います。これも、肢アと同様の理由になります。したがって、本肢は妥当です。

肢エについては、取締役が会社に対して、または会社が取締役に対して訴えを提起する場合には、監査役設置会社においては監査役が会社を代表します。また、監査役設置会社でない会社においては、代表取締役又は株式総会等において当該訴えについて株式会社を代表する者と定められた者が会社を代表します。会計参与とは、取締役と共同して会社の計算書類などを作成する機関なので、訴訟について会社を代表するようなことはありません。したがって、本肢は妥当でないことになります。

肢オについて、取締役が自己または第三者のために会社の事業の部類に属する取引をしようとするときには、その取引について重要な事実を開示して、取締役会設置会社では、取締役会の承認を受けなければなりません。これは取締役が競業の行為をして、会社に損害を与えることを防止するためのものです。なお、このことを「競業避止義務《きょうぎょうひし》」と言います。したがって、本肢は妥当となります。

以上により、妥当ではないものはイ・エの二つであり、2が正解となります。

本問は、条文だけを根拠にしても解答を導くことができるものでしたが、それでもかなり突っ込んだ内容まで聞いてくることが実感できたと思います。

# 17

# 「基礎知識」について押さえよう

合格の鉄則

**択一式問題のみ。合格最低ラインを効率よく確保する**

「行政書士の業務に関し必要な基礎知識」からは、択一式問題が14問出題されます。出題分野は、①一般知識、②情報通信・個人情報保護、③文章理解及び④行政書士法等行政書士業務と密接に関連する諸法令の4分野ですが、その出題配分は、令和6年度試験が実施されただけで、不明確な部分があります。

そこで、以下では、令和5年度試験までの旧制度（一般知識等）においても出題分野となっていた①〜③についての出題例を確認し、新たに出題範囲となる④については、以前「法令等」として出題されていた頃の問題などをご紹介することとします。

## ◎一般知識の出題例

①政治

## 基礎知識における出題分野表

| 年度 | 政　治 | 経　済 | 社　会 | 情報通信 | 個人情報保護 | 文章理解 | 諸法令 |
|---|---|---|---|---|---|---|---|
| 28年 | 日本と核兵器の関係、改正公職選挙法、日本の中央政府の庁 | TPP 協定、日本の戦後復興期の経済 | 日本社会の多様化、終戦後に日本で発生した自然災害 | 人工知能、IoT、情報通信用語、公文書管理法 | なし | 並べ替え2問、空欄補充 | — |
| 29年 | 各国の政治指導者 | ビットコイン、日本の農業政策 | 度量衡、日本の公的年金制度、山崎豊子の著作、消費者問題・消費者保護 | クラウド、著作権、情報技術 | 個人情報保護法制と情報公開法制 | 空欄補充2問、並べ替え | — |
| 30年 | 専門資格と省庁、自治体の住民等 | 日本の貿易 | 外国人技能実習制度、生活協同組合、墓地、風俗営業 | | 個人情報保護法、欧州データ保護規則、防犯カメラ | 空欄補充3問 | — |
| 令和元年 | 日中関係、女性の政治参加、行政改革、元号制定手続 | 経済用語 | 日本の雇用・労働、日本の廃棄物処理 | 情報通信用語、通信の秘密、放送・通信の手法 | 個人情報保護法 | 空欄補充3問 | — |
| 令和2年 | 普通選挙、フランス人権宣言 | 日本のバブル経済、日本の国債、新しい消費形態 | 日本の子ども・子育て政策、地域再生・地域活性化、日本の人口動態 | インターネット用語 | 個人情報保護法、行政機関個人情報保護法 | 空欄補充2問、並べ替え | — |
| 令和3年 | オリンピックと政治、公的役職の任命、ふるさと納税、エネルギー政策 | 国際収支 | 新型コロナウイルス感染症対策、先住民族、ジェンダー・セクシュアリティ | 顔認証システム、自動運転 | 行政機関個人情報保護法 | 空欄補充3問 | — |
| 令和4年 | ロシアの外交・軍事、ヨーロッパの国際組織、アメリカの平等・差別 | 国民総生産 | 軍縮、郵便局、日本の森林・林業、地球環境問題 | 人工知能、情報通信用語 | 個人情報保護制度 | 並び替え1問、空欄補充2問 | — |
| 令和5年 | G7サミット、東南アジアの政策 | 日本の法人課税、金融政策 | 日本のテロ、日本における平等と差別、日本の社会保障・社会福祉 | 行政のデジタル化、インターネットと広告、情報通信用語 | 個人情報保護制度 | 空欄補充3問 | — |
| 令和6年 | 政党助成・政治資金規正 | 日本円の外国為替 | 中東・パレスチナ情勢、日本における外国人、ジェンダー | デジタル環境での情報流通、欧米の情報通信法制、デジタル庁 | 個人情報保護法 | 空欄補充2問、並べ替え | 行政書士法、住民基本台帳法 |

まず「政治」の分野の出題例を見てみましょう。

［平成26年度　問題47］

日本の政治資金に関する次の記述のうち、妥当なものはどれか。

1　政党への公的助成である政党交付金の総額は、人口に250円を乗じて得た額を基準として予算で定めることとされている。

2　政党交付金は、国会に一定の議席を持つ受給資格のある全政党が受給しており、それらの政党では政治資金源の約半分を政党交付金に依存している。

3　政府は、政治腐敗防止のために政治資金規正法の制定を目指したが、国会議員からの反対が強く、まだ成立には至っていない。

4　政党への企業・団体献金は、政治腐敗防止のために禁止されているが、違法な政治献金が後を絶たない。

5　政治資金に占める事業収入の割合は、政党交付金の受給資格がある全政党で極めて低くなっている。

本問は政治資金に関する問題ですが、政治資金に関する制度としては、「政党助成制度」と「政治資金制度」があります。

「政党助成制度」は、政党助成法に基づいて、国が一定の要件を満たす政党に「政党交付金」による助成を行う制度を言います。

一方、「政治資金制度」は、政治資金規正法が①政治団体の届出、②政治団体に係る政治資金の収支の公開、③政治団体及び公職の候補者に係る政治資金の授受の規正、④その他の措置を講ずることにより、政治活動の公明と公正を確保し、民主政治の健全な発達に寄与しようとする制度です。

肢1ですが、政党助成法では、国民1人あたり250円を政党に助成することとしています。したがって、肢1は妥当な記述です。

肢2ですが、日本共産党は政党交付金を受給しておらず、全政党が受給しているわけではありません。したがって、肢2は妥当ではありません。

肢3ですが、政治資金規正法はすでに制定されています。したがって、肢3は妥当ではありません。

肢4ですが、政党や政党が指定する政治資金団体への献金は、個人献金、企業献金ともに禁止されていません。したがって、肢4は妥当ではありません。

肢5ですが、公明党では事業収入の割合が政党の収入の40％を超えています（2018年）。

したがって、肢5は妥当ではありません。
以上により、正解は肢1となります。

**②経済**

それでは、次に「経済」の分野の出題例を見てみましょう。

［平成26年度　問題52］
次の文章の空欄[ア]～[エ]に入る語句の組合せとして正しいものはどれか。

第二次世界大戦後の国際経済は、1944年のブレトンウッズ協定に基づいて設立された[ア]と[イ]、1947年に締結された[ウ]を中心に運営された。

[イ]は大戦後の経済復興と開発のための資金提供を目的としていた。日本は[イ]からの融資を受け、東海道新幹線や黒部ダムなどを建設している。その後、[イ]は発展途上国の経済発展のための融資機関となった。

また[ウ]のもとでは8回の関税引き下げ交渉がもたれたが、それは貿易拡大による国際経済発展に貢献するとともに、その後[エ]の設立をもたらした。[エ]では、[ウ]の基本精神を受け継ぎつつ、交渉を続けている。

| | ア | イ | ウ | エ |
|---|---|---|---|---|
| 1 | IBRD | IMF | GATT | WTO |
| 2 | GATT | IMF | WTO | IBRD |
| 3 | IBRD | IMF | WTO | GATT |
| 4 | IBRD | WTO | IMF | GATT |
| 5 | IMF | IBRD | GATT | WTO |

本問は、空欄に入る語句を選ぶ問題ですが、選択肢にあるたくさんの国際機関を見て、どのような機関であるのかがわかれば正解がわかる問題です。ポイントとなるのは、［イ］に入る語句です。問題文の3行目に、「［イ］は大戦後の経済復興と開発のための資金提供を目的としていた。」という記述があり、IBRDが「国際復興開発銀行」であることがわかれば、［イ］には、IBRDが入ることは容易にわかります。そうすると、正解は5ということになります。

なお、［ア］に入るIMF（国際通貨基金）、［ウ］に入るGATT（関税及び貿易に関する一般協定）、［エ］に入るWTO（世界貿易機関）の意味についても、基礎知識として押さえておく必要があります。

## ③社会

一般知識でもっともやっかいな分野が「社会」です。「社会」の分野はつかみどころがなく、広範囲にわたります。軍縮問題からペットに至るまで、さまざまな問題が出題されており、時事的な問題にも日頃から注意しておく必要があります。

それでは、実際に「社会」の分野の出題例を見てみましょう。

［平成26年度　問題54］

難民に関する次の記述のうち、明らかに誤っているものはどれか。

1　国際連合難民高等弁務官事務所は、国際連合の難民問題に関する機関であり、かつて、緒方貞子が高等弁務官を務めたことがある。

2　難民の地位に関する条約は、難民の人権保障と難民問題解決のための国際協力を効果的にするためのものであり、日本も加入している。

3　シリアの内戦は２０１４年に入っても終結せず、大量の難民がレバノンなどの周辺国へと避難する事態が続いている。

4　難民には、政治難民、災害難民、経済難民など多くの種類があるといわれているが、日本では、積極的な国際貢献のため、その種類を問わず広く難民を受け入れている。
5　日本では、かつて、1975年のベトナム戦争終結期に生じた「インドシナ難民」といわれる人々を受け入れる措置をとった。

難民の受入れは、近年も継続した問題ですが、法務省によると平成26年にわが国において難民認定申請を行った者は5000人であり，前年に比べ1740人（約53％）増加しています。これに対し、難民として認定された者は11人であり、日本の難民受け入れは大変少ないというのが現状です。具体的な数字は覚える必要はありませんが、難民受け入れは大変少ないということは、基礎知識として押さえておく必要があります。

肢1ですが、緒方貞子氏は、1991年から2000年の間、国連難民高等弁務官を務めており、正しい記述です。

肢2ですが、日本は、難民の地位に関する条約を1981年に批准し、翌年より国内の効力が発生しています。肢2も正しい記述です。

肢3ですが、レバノンのシリア難民は100万人を超えており、正しい記述です。

肢4ですが、前述のとおり平成26年のわが国の難民認定は11人であり、難民受け入れは大変少ないということが言えます。したがって、肢4は明らかに誤っています。

肢5ですが、日本ではかつて「インドシナ難民」を一定期間受け入れる措置をとっており、正しい記述です。

以上により、正解は4となります。

## ◎情報通信の出題例

情報通信の問題には、情報通信に関する各種の法律を素材とした問題と、インターネット用語等に関する問題があります。

情報通信に関する各種の法律については、過去問題で出題された法律を確認するなどの対応をしておく必要があります。また、インターネット用語等については、日頃から知らない用語を耳にしたときは、その都度調べるようにしておくことが重要です。

それでは、「情報通信」の分野の出題例を見てみましょう。

[平成22年度　問題55]

次のうち、いわゆる「プロバイダ責任制限法」※についての記述として、妥当なものはどれか。

1　この法律は、たとえば他人のＩＤ、パスワード等を不正に利用するなど、ネットワークを利用したなりすまし行為などについて、権利侵害の存否を問わずこれを防止する責任を、プロバイダについて軽減している。

2　この法律では、情報の発信は不特定の者に対するものでなければならないので、特定人のみを相手とする通信は適用の対象とならず、ウェブサイトでの公開のような情報の発信が適用の対象となる。

3　この法律は、青少年のインターネット利用環境の整備の観点から、政府があらかじめ政令で有害情報に分類・指定したサイトへのアクセスを遮断しても、プロバイダは、特例として、法的責任を負わないとするものである。

4　この法律は、プロバイダに加えて、インターネットの掲示板に書き込みをする者、書き込みを閲覧する者についても責任を認めており、責任の程度は制限しているが、責任を負う者の範囲を制限しているわけではない。

5　この法律は、インターネットの掲示板に自己の名誉を毀損する書き込みがなされたと主張する者から、書き込んだ者の情報（発信者情報）の開示請求を受けた場合、プロバイダが迅速に無条件で開示に応じることができるように、プロバイダの損害賠償責任を制限している。

※特定電気通信役務提供者の損害賠償責任の制限及び発信者情報の開示に関する法律

インターネットの急速な普及によって、電子掲示板等の書込みによる被害（名誉毀損など）が顕著になったものの、そのような場合にプロバイダ等にどのような責任が生じるかについては法整備がなされていませんでした。

そこで、プロバイダ責任制限法を定め、プロバイダ等の責任の範囲を明確にする（①損害賠償責任の制限）、自己の権利を侵害されたとする者がプロバイダ等が保有する発信者の情報の開示を請求できる（②発信者情報の開示請求等）、発信者情報の開示に関する裁判手続（③発信者情報開示命令事件に関する裁判手続）の規定を設けました。プロバイダ責任制限法は、18条からなる法律であり、その柱は①損害賠償責任の制限と②発信者情報の開示請求等です。

肢1ですが、プロバイダ責任制限法においては、いわゆる「なりすまし行為」についての規定はありません。「なりすまし行為」については「不正アクセス行為の禁止等に関する法律（不正アクセス禁止法）」が規定しています。したがって、肢1は妥当ではありません。

肢2ですが、プロバイダ責任制限法は、不特定の者によって受信されることを目的とする電気通信（特定電気通信）を適用の対象としており、特定人のみを相手とする通信は適用の対象外とされています。したがって、肢2は妥当な記述です。

肢3ですが、プロバイダ責任制限法では、有害情報に分類・指定したサイトへのアクセス遮断に関して規定していません。したがって、肢3は妥当ではありません。

肢4ですが、プロバイダ責任制限法は、インターネットの掲示板に書き込みをする者、書き込みを閲覧する者について規定していません。したがって、肢4は妥当ではありません。

肢5ですが、プロバイダは開示請求があっても無条件に開示に応じなければならないわけではなく、開示の請求に応じないことにより開示の請求をした者に生じた損害についても、故意又は重大な過失がある場合でなければ、賠償責任を負わないものとされています。したがって、肢5は妥当ではありません。

以上により、正解は2となります。

情報通信に関する諸法律については、「プロバイダ責任制限法」の他、「特定電子メールの送信の適正化等に関する法律」「e - 文書通則法」「不正アクセス行為の禁止等に関する法律」「電子消費者契約法」なども出題されていますので、準備しておく必要があります。

### ◎個人情報保護の出題例

「個人情報保護」の分野では、「個人情報保護法」（個人情報の保護に関する法律）からの出題が中心です。

ここでは「個人情報保護」の分野の出題例を見てみましょう。

［平成30年度　問題57］

個人情報保護法2条2項[※]にいう「個人識別符号」であるものとして次のア～オのうち、妥当なものの組合せはどれか。

ア　携帯電話番号
イ　個人番号（マイナンバー）
ウ　メールアドレス
エ　クレジットカード番号
オ　指紋データ

1　ア・イ
2　ア・ウ
3　イ・オ

4　ウ・エ
5　エ・オ

※個人情報の保護に関する法律

個人情報保護法では、主に「個人情報取扱事業者」や「行政機関等」の個人情報を取り扱うための義務等について定めています。

本問は、個人情報保護法の保護対象である「個人情報」に該当する「個人識別符号」を選ぶ問題です。

個人識別符号とは、その情報単体から特定の個人を識別できるものとして個人情報保護法施行令に定められた文字、番号、記号その他の符号をいいます（個人情報保護法2条2項）。具体的には、①特定の個人の身体の一部の特徴を電子計算機の用に供するために変換した文字、番号、記号その他の符号であって、当該特定の個人を識別することができるもの（DNA・顔の骨格・指紋データなど）、②個人に提供されるサービスに用いられる番号等（旅券番号、基礎年金番号、運転免許証の番号、住民票コード、個人番号（マイナンバー）など）です。

以上に照らすと、アの携帯電話番号、ウのメールアドレス、エのクレジットカード番号は、それ単体としては特定の個人を識別できるものとはいえないと判断され、個人識別符号に該当しません。

一方、イの個人番号（マイナンバー）、オの指紋データは、個人識別符号に該当します。

以上により、個人識別符号に該当するものは、イ・オであり、3が正解となります。

## ◎文章理解について

「文章理解」の問題は、出題形式で見ると①空欄補充問題、②並べ替え問題、③要旨把握の3つに分類できます。

### ①空欄補充問題

文章に複数の空欄を設け、その空欄に入る短い「語句」の組合せとして正しいものを選ばせる形式の問題です。あるいは、文章に空欄を設け、その空欄に入る「文章」を選ばせる形式の問題のこともあります。「語句」の組合せ問題では、空欄の前後関係に注意し、どの空欄でもよいので、確実に入る語句があればその空欄から入れていくという方法が定石です。

また、空欄に「文章」を挿入する形式の問題では、設問文全体の趣旨と関連するものや設問文の趣旨に合致するものが正解となりやすいので、設問文全体の趣旨を考える必要があります。

### ②並べ替え問題

元の文章を「段落」ごとに、あるいは「1文（センテンス）」ごとに、順序を入れ替えておき、元の正しい順序（適当な順序）を選ばせる形式の問題です。この並べ替え問題は、「接続詞」や「指示語」に注意して、前後関係を決めていく方法が定石です。

### ③要旨把握

問題文を読んで、その内容に合致した単文を選択肢のなかから選び出すという形式です。この形式では、単に問題文の内容をまとめたものではなく、筆者がもっとも主張したい部分が解答になりやすい、と考えておきましょう。

## ◎行政書士法等行政書士業務と密接に関連する諸法令について

この分野については、平成17年度試験までは「法令等」の科目として出題されていました。具体的には、行政書士法、戸籍法、住民基本台帳法などが該当します。

まず、行政書士法の出題例を見てみます。

［平成13年度　問題24］

行政書士としての登録に関する次の記述のうち、妥当なものはどれか。

1　都道府県単位で置かれている行政書士会は任意の団体であり、行政書士が行政書士会に登録せずに行政書士業務を行うことは可能である。
2　ある都道府県の行政書士会に登録している行政書士は、その都道府県の域内においてのみ行政書士としての活動を行うことができる。
3　行政書士としての登録は、日本行政書士会連合会の定めるところにより、行政書士が主として活動する都道府県の行政書士会に対してなされる。
4　行政書士としての登録を拒否された者は、その処分に不服があるときは、総務大臣に対して審査請求をすることができる。
5　行政書士としての登録期間は10年であり、10年経過した時点で、登録更新の手続をとることが必要である。

行政書士法は、行政書士の業務・資格・試験・登録、行政書士法人・行政書士会・日本行政書士会連合会などについて定めた法律です。

本問はこの中の行政書士の業務・資格・登録について問うものです。

肢1は、「行政書士は、都道府県の区域ごとに、会則を定めて、1箇の行政書士会を設立しなければならない」（行政書士法15条1項）。また、「行政書士となる資格を有する者が、行政書士となるには、行政書士名簿に、…の登録を受けなければならない」（行政書士法6条1項）、とされます。したがって、行政書士会は任意の団体ではなく、行政書士が行政書士会に登録せずに行政書士業務を行うことはできません。

肢2については、行政書士の活動地域に関して制限する行政書士法の規定はありません。

肢3については、行政書士となる資格を有する者が、行政書士となるには、日本行政書士会連合会に備えることとされている行政書士名簿に登録を受けなければなりません（行政書士法6条1項、2項）。行政書士が主として活動する都道府県の行政書士会の登録を受けるわけではありません。

肢4は妥当な選択肢です。行政書士の登録を拒否された者が、その処分に不服があるときは総務大臣に対して審査請求をすることができるとされています（行政書士法6条の3第1項）。

肢5について、行政書士の登録は死亡したときやその業を廃止しようとするときなどの登録抹消まで存続するのであり、登録期間については特に定められていません。

いかがでしょうか。行政書士法は条文を確認しておけば、確実に得点できる科目です。

次に戸籍法及び住民基本台帳法ですが、ここでは、住民基本台帳法の出題例を見てみます。

［令和6年度　問題53］

住民基本台帳法に明示されている住民票の記載事項に関する次の項目のうち、妥当なものはどれか。

1　前年度の住民税納税額
2　緊急時に連絡可能な者の連絡先
3　地震保険の被保険者である者については、その資格に関する事項
4　海外渡航歴
5　世帯主についてはその旨、世帯主でない者については世帯主の氏名及び世帯主との続柄

本問は、住民基本台帳法に規定する住民票の記載事項にはどれか該当するかを問うものです。住民票の記載事項は、次ページのとおりです（住民基本台帳法7条）。

## 住民票の記載事項

①氏名（7条1号）
②出生の年月日（7条2号）
③男女の別（7条3号）
④世帯主についてはその旨、世帯主でない者については世帯主の氏名及び世帯主との続柄（7条4号）
⑤戸籍の表示。ただし、本籍のない者及び本籍の明らかでない者については、その旨（7条5号）
⑥住民となった年月日（7条6号）
⑦住所及び一の市町村の区域内において新たに住所を変更した者については、その住所を定めた年月日（7条7号）
⑧新たに市町村の区域内に住所を定めた者については、その住所を定めた旨の届出の年月日（職権で住民票の記載をした者については、その年月日）及び従前の住所（7条8号）
⑨個人番号（行政手続における特定の個人を識別するための番号の利用等に関する法律に規定する個人番号（マイナンバー））（7条8号の2）

⑩選挙人名簿に登録された者については、その旨（7条9号）
⑪国民健康保険の被保険者である者については、その資格に関する事項で政令で定めるもの（7条10号）
⑫後期高齢者医療の被保険者である者については、その資格に関する事項で政令で定めるもの（7条10号の2）
⑬介護保険の被保険者である者については、その資格に関する事項で政令で定めるもの（7条10号の3）
⑭国民年金の被保険者である者については、その資格に関する事項で政令で定めるもの（7条11号）
⑮児童手当の支給を受けている者については、その受給資格に関する事項で政令で定めるもの（7条11号の2）
⑯米穀の配給を受ける者については、その米穀の配給に関する事項で政令で定めるもの（7条12号）
⑰住民票コード（番号、記号その他の符号であって総務省令で定めるものをいう。）（7条13号）
⑱以上に掲げる事項のほか、政令で定める事項（7条14号）

上記の④が、選択肢の5に該当するため、正解は5になります。

いかがでしょうか。今後、戸籍法も住民基本台帳法と同様の出題が予想されますので、しっかりと時間を確保して、条文を確認すれば確実に得点できる科目といえます。

# 付録

## 試験前日・当日の心得

## 前日は民法と行政法の体系を確認。当日は時間に余裕をもって会場へ向かおう！

### ◎試験前日にやること

行政書士試験には、直前に暗記をして対応できる問題はほとんどないため、試験前日に細かいことを気にしてジタバタしてもはじまりません。

試験前日は特に民法と行政法の記述式対策を行います。条文などを通じて体系をざっと見直し、論点の確認作業をしましょう。試験科目をミクロではなく、マクロの視点から概観することにより、どんな出題にもそれなりに対応できる（部分点が狙える）ようにしておくのです。

本当にざっとで結構ですので、短時間でこの2つの科目を一回転しておきましょう。

### ◎試験当日にやること

行政書士試験は、午後1時からスタートしますので、試験会場への移動は余裕をもって行うことができます。朝は会社や学校に行くいつものペースで起床し、必ず次にリストアップした持ち物のチェックをしましょう。

【受験当日の持ち物】

①受験票
②日頃使い慣れているシャープペンシル又は鉛筆（ＢまたはＨＢ）
③②の予備としてのシャープペンシル又は鉛筆（５本以上）
④シャープペンシルの場合は、替え芯
⑤プラスチック消しゴム（２つ以上）
⑥腕時計

当然ですが、①を忘れては話になりません。必ず確認してください。

②～④の筆記具は、日頃使い慣れているものがいいでしょう。鉛筆を使う場合は、なるべく多めに予備を用意します。試験中に鉛筆を削ることはできませんので、それぞれの鉛筆にキャップをつけておき、会場の机に置く際に、キャップを外します。

⑤の消しゴムも、もし床に落としてしまったものを拾ったりすると、不正行為とみなされる可能性がありますので、予備の消しゴムを用意しておいたほうが安心です。

⑥の腕時計も必須アイテムです。会場によっては時計を設置していないところもあります。

置き時計はたとえコンパクトなものでも使用できません。また、スマホは時計代わりに使えませんので注意してください。

試験会場には、少なくとも試験実施の1時間前の正午には到着しておくことが大切です（試験会場は正午に入室可能です）。試験直前に駆け込みで会場に着くようでは、心の余裕もなくなり、ひいては試験問題に集中できなくなることも考えられます。

試験会場に着いたら、受験番号で座席番号を確認し、受験する教室に早めに入りましょう。試験会場は数百人も収用できる大講堂のようなところから、20名程度の会議室のような会場までさまざまですので、試験会場の雰囲気に慣れることが必要です。

行政書士試験は、その場で考えさせる問題が多いので、平常心を保つことが高得点をあげるカギとなります。

行政書士試験の実施時間は、3時間という長丁場です。どんなトラブルがあるかわかりませんので、上記のように万全の体制で臨むようにしましょう。

<著者紹介>

**竹原　健（たけはら　けん）**

1963年生まれ。早稲田大学社会科学部卒。

行政書士・マンション管理士・一級知的財産管理技能士（特許専門業務・コンテンツ専門業務・ブランド専門業務）。

20年以上にわたり、行政書士試験、宅地建物取引士試験、マンション管理士試験などの国家試験をはじめ、各種検定試験の講師を務める。

**行政書士試験 非常識合格法**

2015年11月13日　第1刷発行
2024年12月13日　第11刷発行

著　者――竹原健
発行者――徳留慶太郎
発行所――株式会社すばる舎
東京都豊島区東池袋3-9-7 東池袋織本ビル　〒170-0013
TEL　03-3981-8651（代表）　03-3981-0767（営業部）
振替　00140-7-116563
http://www.subarusya.jp/
印　刷――中央精版印刷株式会社

落丁・乱丁本はお取り替えいたします

ISBN978-4-7991-0458-3